DOSSIER
Français

2e cycle

**Sous la direction de
Ginette Létourneau**

GRAFICOR

MEMBRE DU GROUPE MORIN

171, boul. de Mortagne, Boucherville (Québec) J4B 6G4
Tél.: (450) 449-2369 • Téléc.: (450) 449-1096

Mes chantiers   DOSSIER FRANÇAIS

Supervision du projet et révision linguistique
Sylvie Lucas

Correction d'épreuves
Solange Tétreault

Conception graphique, réalisation et direction artistique
diabolo-menthe

Illustrations
Sophie Casson, p. 11, 32-35, 54, 106-108, 112-113, 134
Philippe Germain, p. 7-8, 43, 52, 97-98, 122-125
Michel Grant, p. 9, 20-21, 37-39, 57-60, 64-66, 74-75, 82-89, 93-95, 109-111, 118-119, 126-128
Élise Gravel, p. 29-31, 40-42, 67-70, 99-101, 114-116, 120-121
Gabrielle Grimard, p. 15-19, 50-51, 90-92, 102-105
Stéphane Jorisch, p. 76-78
Marie Lafrance, p. 79-81
Céline Malépart, p. 12-14, 61-63, 137
diabolo-menthe, p. 25, 131, 138, 140

Coloration
Raymond Lafontaine, p. 37-39, 64-66, 74-75, 82-89, 93-95, 109
diabolo-menthe, p. 109-111, 122, 126-128

Photos
Artville, p. 24 (ciseaux)
EyeWire, p. 5 (ballon), 10, 47-48, 53 (grenouille), 55 (enfants), 132 (illustrations), 135, 138-139, couverture (voilier)
Institut de l'Hôtellerie du Québec, p. 21
PhotoDisc, p. 5 (sauf ballon), 9, 20 (houx), 24 (pinceau), 45, 53 (fond), 55 (sauf enfants), 57, 67, 117, 126-127, 131, 133, 136, couverture (ballons)
©Steve Lupton/CORBIS, p. 20

Données de catalogage avant publication (Canada)

Vedette principale au titre:
Mes chantiers. Dossier français, 2e cycle

ISBN 2-89242-879-3

1. Lectures et morceaux choisis (Enseignement primaire).
2. Activités dirigées – Ouvrages pour la jeunesse. I. Létourneau, Ginette, 1956-

PC2115.M46 2002   448.6   C2002-940752-4

Nous reconnaissons l'aide financière du gouvernement du Canada
par l'entremise du Programme d'aide au développement de l'industrie
de l'édition pour nos activités d'édition.

Gouvernement du Québec – Programme de crédit d'impôt
pour l'édition de livres – Gestion SODEC

Dépôt légal 2e trimestre 2002
Bibliothèque nationale du Québec

ISBN 2-89242-879-3
Imprimé au Canada   1 2 3 4 5 6 – 7 6 5 4 3 2

Table des matières

★ Texte court   ★★ Texte moyen   ★★★ Texte long

Au fil de l'année

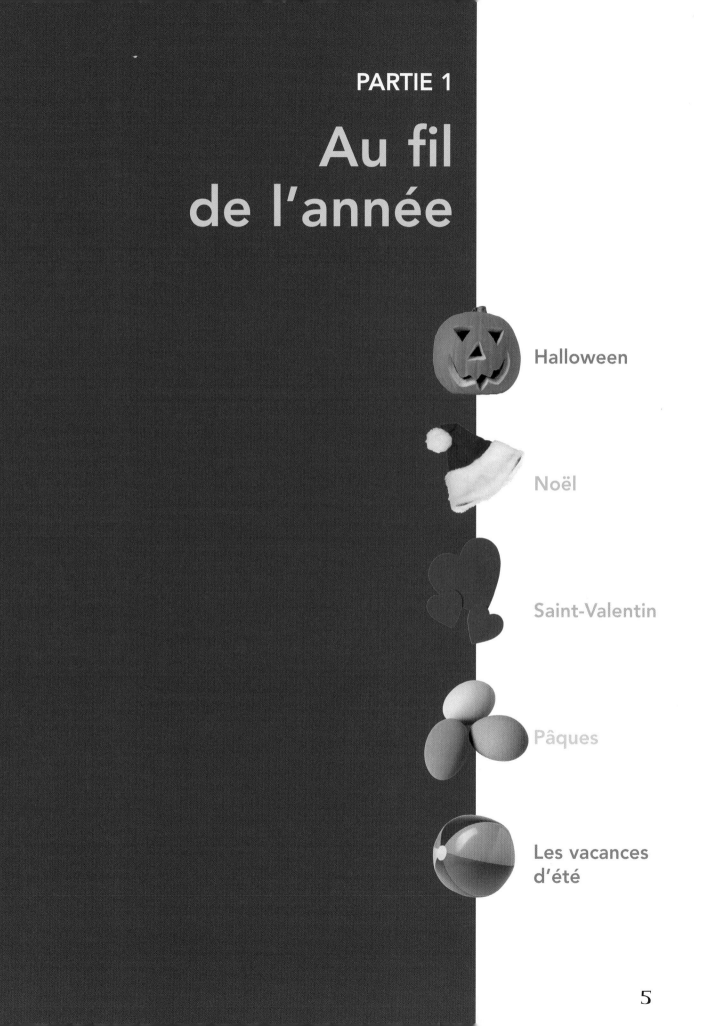

Halloween

Noël

Saint-Valentin

Pâques

Les vacances d'été

À propos de cette partie...

L'**Halloween**, **Noël** et les autres grands événements annuels te rendent enthousiaste ? Généralement, on les attend longtemps, on les prépare à l'école et à la maison, on les vit même un peu dans sa tête avant le temps… Et quand ils arrivent enfin, ils passent tellement vite !

Cette section du dossier t'aidera alors à profiter un peu plus de ces événements. Pour l'Halloween, Noël, la **Saint-Valentin**, **Pâques** et l'arrivée des **vacances d'été**, on t'invite à lire (et à relire !) différents textes au cours du deuxième cycle.

Les textes POUR EN SAVOIR PLUS… te donneront quelques renseignements liés à l'un ou l'autre de ces événements. On y traite, par exemple, de la façon de vivre quelques-uns de ces événements ailleurs dans le monde.

Les textes POUR AGIR… t'amèneront surtout à bricoler, à te mettre en action !

Les poèmes et les récits des sections POUR LE PLAISIR DE LIRE… te feront rêver, sourire et imaginer. Tu y rencontreras une sorcière sympathique, des fantômes rigolos, des jeunes qui vivent une grande amitié, une famille en pique-nique et, bien sûr, le père Noël !

Finalement, au fil des pages, tu pourras lire quelques notes. On y présente des auteurs, des illustrateurs et on y établit des liens entre certains textes du dossier… Profites-en pour apprendre à connaître un peu plus ces gens qui poursuivent tous le même but… te permettre de faire durer un peu plus longtemps l'Halloween, Noël, la Saint-Valentin, Pâques et les grandes vacances. Pourquoi pas !

EXQUISES ARAIGNÉES

Vous allez vous faire des amis avec ces araignées : elles sont effroyablement bonnes !

Pour 12 araignées

- 30 ml de sucre glace
- de la réglisse
- 12 biscuits fourrés au chocolat
- 24 petits bonbons ou boules de sucre rouges

1. Mettez le sucre glace dans un petit bol. Ajoutez 3 ou 4 gouttes d'eau, mélangez pour obtenir une pâte épaisse. Réservez.

2. Partagez les biscuits au chocolat en deux. Garnissez-les d'une couche de pâte sucrée. Reformez les biscuits.

3. Coupez dans la réglisse des brins de 7 centimètres de long. Piquez-les de chaque côté des gâteaux pour former les huit pattes. Fixez les yeux, en les «collant» avec la pâte sucrée.

OSEREZ-VOUS CROQUER ?

Fêter Halloween, Donata Maggipinto, Artémis Éditions, 2001, p. 91.

BALLON D'ACCUEIL

IL FAUT :

- Un ballon à gonfler
- Deux assiettes en carton
- Du papier de couleur
- De la gouache
- De la colle
- Du fil

1. Gonflez le ballon. Fermez avec un lien d'environ 40 cm.

2. Coupez une assiette en deux. Avec une moitié, faites un cône. Agrafez. Coupez des fentes tout autour. Pliez les languettes.

3. Dans l'autre assiette, ôtez un rond de 8 cm de diamètre. Gardez la couronne.

4. Collez les languettes du cône sous la couronne.

5. Peignez dans une couleur de votre choix.

6. Découpez et collez des bandes de papier sous le chapeau pour les cheveux.

7. Faites passer le fil dans le chapeau. Découpez dans du papier yeux, nez, bouche. Collez-les. Accrochez les sorcières à la porte d'entrée.

Extrait de *Les sorcières font la fête*, Bernadette Theulet-Luzié/© CASTERMAN S.A.

Tu aimes lire et bricoler ? Alors, jette un coup d'œil aux pages 22 et 24 de ce dossier pour voir d'autres bricolages qu'on te propose.

EXPRESSIONS DE PEUR

Une peur bleue !

BOUH ! La peur t'envahit. Un tigre échappé du zoo te fait face. Tu ne peux plus bouger. Ton cerveau s'emballe. Il va à cent kilomètres à l'heure. L'amygdale, le centre de contrôle de la peur situé dans le cerveau, reçoit le message d'urgence. «Attention ! Ce n'est pas un chat !» Sans plus attendre, ton cerveau déclenche un signal d'alarme à travers ton système nerveux. Ton corps se met en état d'alerte. Tu trembles. Ton estomac se tasse sur lui-même et, toi, tu as très, très peur.

C'est ça : avoir une belle peur bleue !

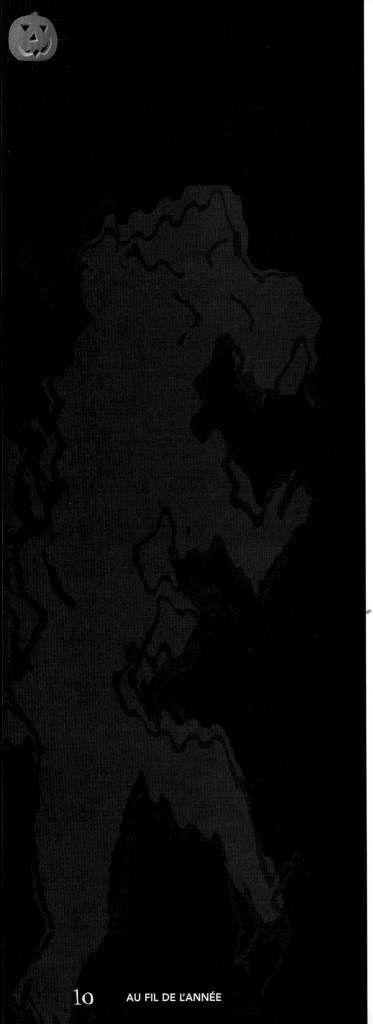

Peur du noir

Te rappelles-tu de tes peurs d'autrefois ?

As-tu déjà regardé sous ton lit pour voir si quelqu'un s'y cachait ? As-tu déjà fermé la porte de ta garde-robe pour ne pas voir de monstres ? Ne sois pas embarrassé ou gênée ! La plupart des gens ont déjà eu peur du noir. Mais, pourquoi ? Les gens n'ont pas peur de l'obscurité. Ils ont peur des créatures qu'ils imaginent être cachées dans le noir. Monstres. Ombres. Toutes ces créatures naissent de leur imagination. La prochaine fois que tu verras une créature menaçante dans ta chambre, allume ta lumière. Une pile de linge sale pourrait bien être la responsable de ta peur !

BOUH !

Extrait de *Scary Science*, par Sylvia Funston, © 1996, avec la permission de l'éditeur Maple Tree Press Inc.

La lessive des fantômes

C'est la parade
Des fantômes
Qui défilent
À la file
Dans leur royaume
En criant charade.

Lessive sous le bras,
Savon et javellisant,
Ils vont dos à dos
Avec leur fardeau
Et attendent patiemment
En chuchotant tout bas.

Pourront-ils
Avant que sonne minuit
Laver à temps
Tous leurs vêtements
Pour hanter la nuit
Les gens de la grande ville.

Ils défilent
À la file,
Avec une hâte fébrile
De fêter l'Halloween.

Trois petits fantômes

Trois petits fantômes blancs
Rigolaient tout en mangeant
Du beurre d'arachide bien collant
Sur une tartine de pain blanc
En se balançant dans le vent.

«La lessive des fantômes» et «Trois petits fantômes»
in *Fantômes et chair de poule – Des poèmes à faire frissonner*,
Dominique Chauveau, Les Éditions Héritage inc., 1992.

Surprise de
TAILLE !

Fred te raconte son souvenir d'halloween...

•

Tu te rappelles mon ami Guillaume ? Son père, Gérard Dion,
possède une ferme à Saint-Yaya.

Guillaume m'avait invité à passer la fin de semaine de
l'halloween chez lui.

Il m'avait garanti qu'on s'amuserait bien. Depuis que son père
avait été élu maire, Saint-Yaya était devenue la capitale de
la citrouille. On y fêtait l'halloween en grand, avec défilé et tout
le tralala.

Le samedi matin, maman m'a reconduit.

Après son départ, Guillaume et son père m'ont emmené derrière
la grange. Il y avait là un nouveau hangar dont les doubles
portes étaient fermées par un énorme cadenas.

Avant d'ouvrir, M. Dion a regardé alentour. Avait-il peur des espions ? Par réflexe, je me suis retourné aussi. Rien en vue.

Le père de Guillaume a retiré le cadenas et s'est penché vers son fils. Il lui a murmuré quelque chose à l'oreille. Mon ami a fait un geste avec son pouce pour montrer qu'il avait bien compris. Il est entré dans le hangar, et j'ai voulu le suivre.

— Non, non ! s'est écrié M. Dion, comme si je m'apprêtais à faire une grosse bêtise. Pas tout de suite !

Au bout de quelques secondes qui m'ont paru très longues, Guillaume a crié: « Prêt ! » Alors son père m'a pris par les épaules et m'a fait signe qu'on pouvait y aller. J'étais intrigué. Que pouvait-il bien y avoir de si extraordinaire dans ce hangar ?

Je ne tarderais pas à le savoir.

Montée sur un chariot équipé de grandes roues dorées, la plus grosse citrouille du monde se dressait sous mes yeux. «Semée, soignée et récoltée par Dion et fils», expliquait l'écriteau que Guillaume venait de placer, bien en vue, sur le marchepied.

Un potiron de 510 kilos! Je n'en revenais pas!

Je me suis penché vers l'arrière pour apercevoir le dessus de la citrouille. C'était si haut que j'ai failli attraper un torticolis!

J'ai fait le tour du monstre tout en glissant ma main sur sa bedaine orange. Il m'a bien fallu cinq bonnes minutes pour boucler la boucle, tant elle était énorme.

— Et les roues, ai-je demandé, c'est pourquoi?

— Réfléchis, voyons!

Guillaume me dévisageait comme si j'étais le dernier des abrutis.

Soudain, une lumière s'est allumée dans mon cerveau. J'avais devant moi le carrosse de Cendrillon!

Croteau, Marie-Danielle, *Des citrouilles pour Cendrillon*, p. 13-16 et p. 18, publié aux Éditions de la courte échelle, 1999 (coll. Premier Roman).

Souviens-toi d'Abel Zébutte

C'était par une magnifique journée d'orage. Au 13, rue des Maléfices, les apprenties sorcières, les diablotins de tout poil et les gnomes écoutaient Mélissa Tanik, leur professeur de magie noire.

— Mettez-vous par deux et préparez-moi un philtre de laideur : trois mesures d'urine de lézard, une pincée de poudre de limaçon et, n'oubliez pas, la formule magique !

Elle copia au tableau la formule du jour : Télai-Témoch-Tépabo-Tévilin-Tuveumafoto. Gertrude et Abel étaient assis l'un près de l'autre. Depuis l'école «monsternelle», ils ne se quittaient plus. C'était le couple le plus original de toute la sorcellerie.

— Ça y est, dit Abel, c'est prêt. Prononce la formule, ma laideur.

Gertrude se sentit verdir jusqu'à la pointe des longs poils de ses oreilles. Elle était si troublée qu'elle se trompa de formule !

Les yeux fermés, elle récita :

Téjoli-Tébo-Tésuperb-Talaklass-Tumeplai.

Abel s'empara du mélange et l'avala d'un trait. C'était l'usage dans le cours de Mélissa Tanik, on devait tester ses breuvages.

Crotte de loup! C'est raté! s'exclama-t-il. Il n'eut pas le temps d'en dire plus: une âcre fumée jaunâtre l'enveloppa soudain.

Quand la fumée se dissipa, il ne restait plus aucune trace d'Abel Zébutte.

Depuis ce jour maudit, Gertrude n'avait pas revu Abel Zébutte…

Mais en ce jour d'octobre, il se passa quelque chose dans la vie trop tranquille de Gertrude. Un cri aigu la réveilla.

— Ouitch!

Le facteur venait de déposer une lettre dans sa boîte.
Les mâchoires de la boîte-crâne lui avaient aussitôt fortement pincé les doigts.

Qui pouvait bien lui écrire?

Gertrude retournait la lettre en tous sens entre ses doigts crochus. L'enveloppe rose dégageait un doux parfum de violette.

— Pouah! Beurk et beurk! Quelle odeur épouvantable! grogna-t-elle en décachetant l'enveloppe.

Elle en sortit une feuille, rose elle aussi, et se mit à lire à haute voix.

Ma très chère amie,

Voisin de vous je suis,
et tout d'amour rempli...
Enfin en ce jour ose,
et par cette lettre rose,
mon cœur mettre à vos pieds,
tendre et belle adorée...
Je vous attends chez moi.
Ma mie, ne tardez pas !
Répondez, s'il vous plaît,
à mon amour secret...

Gertrude relut deux fois la lettre.

— Qu'est-ce que c'est que ce charabia ?

Elle finit par comprendre que c'était une lettre d'amour.

— Par la barbe de Méphistophélès ! s'écria-t-elle. Ce n'est pas tous les jours qu'on m'écrit. Surtout une lettre d'amour ! Je manque d'exercice, et une petite visite à cet individu parfumé à la violette me distraira un peu.

Un bol de tisane de ronce plus tard, Gertrude enfourcha son vélo.

— Prince Béla Buzette, Château du Crosier, 99147 Cent-Chaudrons Cedex, ricana Gertrude en appuyant sur les pédales.

Pendant ce temps, au château, Béla Buzette faisait les cent pas. À chaque instant, il regardait son visage dans les miroirs qui tapissaient les murs.

— Ça ne marchera jamais ! se lamentait-il en contemplant son visage fin, ses traits délicats et ses beaux cheveux bouclés. Elle ne m'embrassera pas, et ma vie sera à jamais un supplice…

Un grincement de freins annonça l'arrivée de Gertrude dans la cour du château.

Il s'avança au-devant de la cyclo-sorcière.

Il voulut lui tirer la langue… et ne réussit qu'un superbe sourire. Il voulut prononcer quelques gros mots de bienvenue pour la mettre en confiance… et ne réussit qu'à dire :

— Très chère amie, votre arrivée me transporte de joie et met mon cœur à vos pieds.

Gertrude s'étrangla de rire.

Dans le salon d'honneur, les affaires de Béla Buzette tournaient mal. À chaque mot gentil, à chaque tentative de geste tendre, Gertrude répondait par des jeux de mots hideux, des bruits incongrus et des grimaces terrifiantes.

Le prince aurait voulu l'injurier
pour lui faire plaisir, sentir mauvais
pour lui plaire... Il ne parvint qu'à dire :

— Adieu, ma douce amie.
Je rêvais d'un baiser...
Mais jamais, je le sais,
vous ne m'en donnerez...

— Ah ! Tu veux un baiser de sorcière !

Elle avança vers Béla, ses lèvres tendues
en une affreuse grimace.

Quand les lèvres de Gertrude
se posèrent sur la joue de Béla,
le douzième coup de midi retentit.

Il y eut alors... une explosion...
suivie d'un nuage de soufre !

La fumée commença à se dissiper
et elle entendit :

— C'est moi, ma laideur !

— Abel ? murmura-t-elle. C'est toi ?

— Plus laid et plus malodorant que
jamais ! répondit Abel Zébutte en
émergeant de la fumée... Crotte de
loup ! J'ai cru que tu ne m'embrasserais
jamais !

Gertrude resplendissait de toute
sa laideur. Elle avait retrouvé son
bien-aimé. Il était laid, il sentait mauvais
et disait des gros mots... Le mari idéal !

Souviens-toi d'Abel Zébutte,
Didier Dufresne, Collection Milan Poche Cadet,
© Éditions Milan, 1999.

De bons desserts de Noël !

Hello !
Je m'appelle Diana Smith. Dans mon pays, en Angleterre, on fête Noël durant deux jours.

Le 25 décembre, c'est le repas de Noël. Au dessert, on mange le célèbre *Christmas pudding*. C'est un bon gâteau fait avec des raisins, des amandes et des fruits confits. Il faut le faire cuire durant quatre heures ! On le sert habituellement sur un plateau décoré de gui et de houx.

Le lendemain, Santa Claus nous apporte des cadeaux. C'est le moment que je préfère !

Joyeux Noël !

Merry Christmas !

Ce texte te donne le goût d'en savoir davantage sur la façon de fêter Noël dans d'autres pays ? Alors, ouvre les yeux, observe les gens de ton milieu… Questionne des personnes de différentes origines ou va faire un tour à la bibliothèque !

Guten tag !

Je m'appelle Hans Schmidt.
Savais-tu que c'est dans mon pays,
en Allemagne, qu'on a décoré
les premiers sapins
de Noël ?

À Noël, nous dégustons
de bons plats. Ma grand-mère
prépare toujours le
traditionnel *stollen*.
C'est un pain aux amandes.
Mais moi, je préfère
les étoiles de Noël.
Ce sont de jolis biscuits…
en forme d'étoile.

Joyeux Noël !

**Frohliche
Weihnachten !**

Buon giorno !

Je m'appelle Carmella Rossi. En Italie,
on fête Noël durant plusieurs jours.
Un dicton italien dit : «Noël chez toi,
Pâques où tu veux.» Cela signifie qu'à Noël
on fête en famille ! Le père Noël s'appelle
Babbo Natale, mais c'est la Befana qui
nous apporte les cadeaux.

Pas une famille ne se passerait
du célèbre *panetone* de Milan. C'est
notre gâteau traditionnel. En fait,
c'est une grosse brioche qui contient
des raisins. Sur la table, on trouve
aussi des mandarines et du nougat.

Joyeux Noël !

Buon Natale !

Sylvie Lucas

Mobile sapin

3 assiettes en carton

•

papier métallisé
de couleur

•

ficelle dorée

•

colle

•

ciseaux

Préparation

1 Sur le bord d'une assiette, tracez un trait de 21 cm. Reliez les deux extrémités au centre de l'assiette. Découpez et ôtez cette partie.

2 Fabriquez trois cônes en collant les côtés des assiettes.

Décoration

1 Peignez les cônes en vert.

2 Découpez des ronds (2 à 3 cm de diamètre) dans différentes couleurs de papier métallisé.

3 Collez ces ronds sur les trois cônes.

Montage

1 Enfilez une aiguille avec de la ficelle dorée et faites un nœud à une extrémité. Préparez trois petits carrés de papier (2 cm de côté).

2 Passez le fil au milieu d'un carré et pliez celui-ci sur le nœud. Passez ensuite le fil dans un cône. Tirez.

3 Fixez de la même manière deux autres cônes sur la ficelle, en laissant 6,5 cm entre chaque cône.

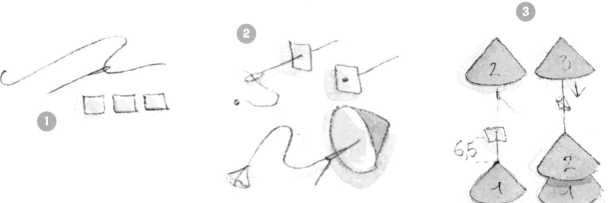

Finition

Le nœud du haut est composé de cinq bandes de papier doré de 6 x 1,5 cm.

1 Faites une boucle en collant les deux extrémités d'une bande.

2 Fabriquez ainsi cinq boucles. Passez-y la ficelle dorée et disposez-les harmonieusement. Il ne reste plus qu'à suspendre le sapin tournant.

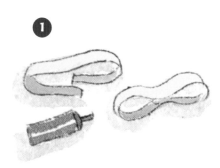

Extrait de *L'atelier de Noël*,
Bernadette Theulet-Luzié /© CASTERMAN S.A.

SAUTE-MOUTON
DANS LE SAPIN

MATÉRIEL

Du carton de 4 mm d'épaisseur
Un paquet de ouate
Une boîte de cure-pipes
Un tube de colle
Une paire de ciseaux
Un feutre noir
Un mètre de laine
Un tube de gouache blanche
Un pinceau
Un verre d'eau

4. Prends de la colle et appliques-en de chaque côté du corps du mouton, sauf sur la tête.

5. Applique la ouate sur le corps encollé.

6. Coupe des cure-pipes en trois afin d'obtenir des pattes. Tu peux choisir la couleur.

7. Enfonce les pattes dans l'épaisseur du carton après avoir trempé les extrémités dans un peu de colle.

1. Dessine puis découpe dans du carton épais deux corps de mouton de même taille.

2. Colle les corps ensemble. Peins-les en blanc des deux côtés.

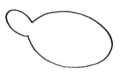

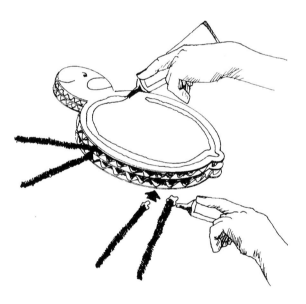

3. Dessine ensuite une oreille, un œil et une bouche de chaque côté de la tête du mouton.

8. Enfonce un morceau de laine dans le corps du mouton après l'avoir trempé dans un peu de colle. Tu pourras accrocher ton mouton dans l'arbre.

«Saute-mouton dans le sapin», extrait de *Je prépare Noël*, Hilton McConnico, © Dessain et Tolra, 1995.

L'étoile

Une étoile rit

Dans le sapin gris

Qui a mis pour elle

Son habit de gel.

Dans le sapin gris

En habit de gel,

Une étoile rit:

Demain, c'est NOËL.

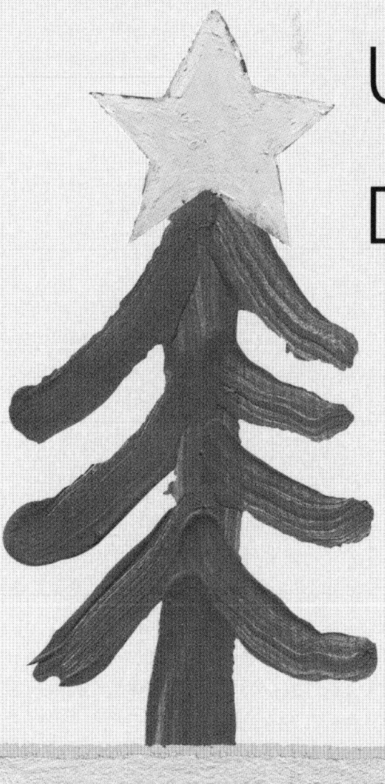

« L'étoile » de Pierre Coran
in *Le livre des fêtes et des anniversaires*
de Jacques Charpentreau, Éditions de l'Atelier, 1987.

Boule de neige

La neige est épaisse, si blanche !
Une petite fille enveloppée d'un chaud
manteau à capuchon remonte le sentier
qui se perd sous les sapins. Ses bottes
fourrées s'enfoncent dans la neige qui
craque. Où s'en va-t-elle ainsi, toute
seule dans la forêt, toute seule dans
la neige ?

Les flocons blancs tourbillonnent,
caressent le clocher de la petite église.
Certains s'accrochent aux branches des
sapins, d'autres se déposent un à un
sur le sol noir.

— **HOU HOU !** fait le hibou qui s'est
posé sur une branche. **HOU HOU !**

La petite fille n'a pas peur. Elle
comprend ce qu'il lui dit :

— C'est par là ! Par là !

Le hibou s'envole à nouveau : il lui
montre le chemin. Alors elle le suit, sur
le sentier tout blanc. Il ne faut pas
qu'elle arrive en retard ! Il ne faut pas
qu'elle manque le rendez-vous !

— **HOU HOU !** C'est par là ! hulule
encore le hibou.

Une cloche sonne au loin. C'est la cloche
de la petite église, tout en bas. La petite
fille compte à haute voix : douze coups !

Il est minuit ! Vite ! Oh ! vite ! Elle va être
en retard ! Il ne faut pas qu'elle manque
le rendez-vous !

La petite fille arrive au sommet de la
colline. Elle est un peu essoufflée et son
cœur bat très fort.

Alors un souffle de vent soulève la neige en tourbillons. Du fond
du ciel surgit un grand traîneau doré. Ce bel animal qui le tire,
avec ses cornes douces et ses yeux de velours, c'est un renne.
Et ce vieil homme à barbe blanche enveloppé d'un manteau
rouge… c'est lui. La petite fille le reconnaît. Il est exactement
comme sur l'image que son papa lui a envoyée !

Le vieil homme sourit à la petite fille et lui fait un clin d'œil
comme pour lui dire :

— Mais oui, c'est bien moi ! Je passe toujours ici, à minuit.
Pour me voir, il suffit d'y croire !

Et puis soudain, c'est fini. La neige ne tombe plus. Le traîneau
doré, et le ciel plein d'étoiles, et le sentier sous les sapins, tout
a disparu.

Amina pousse un gros soupir et agite encore une fois la boule transparente qui tient au creux de sa main. Elle regarde les flocons voltiger à nouveau. La fausse neige retombe sans bruit sur le petit paysage de plastique, glisse sur le clocher de l'église, s'accroche un instant aux branches des sapins verts.

Cette boule où tombe la neige, c'est le plus joli cadeau de Noël d'Amina. C'est celui que son papa lui a envoyé de ce lointain pays où il est parti travailler. Amina n'a jamais vu la neige. Il n'en tombe jamais en Afrique. Mais son papa lui a fait une promesse. Il l'a écrit sur la carte avec un père Noël glissant dans les étoiles sur son traîneau doré. L'an prochain, il la fera venir là-bas, avec sa mère et ses petits frères.

Oui, l'an prochain, si le papa d'Amina a gagné assez d'argent, il fera venir toute sa famille dans le pays où il travaille. Là-bas, là où des sapins poussent sur les collines, là où il tombe de la neige à Noël...

«Boule de neige», texte de Marie-Hélène Delval, illustrations de Boiry, © *Astrapi*, Bayard Jeunesse, 1999.

LES LUTINS DE NOËL

COMME CHACUN SAIT, LES BOULES D'ARBRE DE NOËL
POUSSENT DANS DES ARBUSTES COMME LES FRAMBOISES.
LES AMPOULES, ELLES, POUSSENT AU RAS DU SOL, COMME LES FRAISES.
CE SONT DES FRUITS TRÈS DÉLICATS.

En ce début d'automne, les lutins Bing et Bong sont embêtés.
La récolte des boules d'arbre de Noël est mauvaise. D'abord,
il a trop plu, et les boules n'ont pas grossi comme il faut.
Ensuite, le soleil a été si ardent que plusieurs boules encore
trop délicates ont fondu sous la chaleur.

«Il n'y aura jamais assez de boules d'arbre de Noël pour tout
le monde, se dit Bing. Il faut faire quelque chose! On ne peut
pas laisser les arbres de Noël tout nus.

— Tu as bien raison, le monde va assez mal comme ça…
Hé! j'y pense, si la récolte a été mauvaise ici, elle a peut-être
été bonne Ailleurs. Si nous allions y faire un tour?

— Bonne idée! s'écrie Bong. Et qui sait, dans ces pays
lointains, peut-être découvrirons-nous de nouvelles variétés
de boules et d'ampoules pour les arbres de Noël…

Bing et Bong décident
donc d'aller Ailleurs.

BING ET BONG
DÉCIDENT DONC
D'ALLER AILLEURS.

Henriette Major a écrit de nombreux textes pour les jeunes. Si tu veux en savoir un peu plus sur cette auteure prolifique, consulte la rubrique *Ils ont écrit pour toi* !

Dès leur arrivée dans ce pays,
ils sont frappés par les odeurs d'épices
qui flottent dans l'air. Guidés par ces parfums,
ils débouchent sur un jardin extraordinaire. Dans les arbustes
poussent les plus belles boules d'arbre de Noël jamais vues.
Il y en a des rayées, des à pois, des à carreaux et des bariolées.
Sous le soleil tropical, les ampoules ont pris elles aussi des
formes et des couleurs extraordinaires. Bing et Bong sont
éblouis par tant de splendeur.

Ils aperçoivent soudain deux lutins qui leur ressemblent
beaucoup. Mais au lieu d'avoir la peau bleue comme tout
le monde, ils ont la peau orange.

On se présente. Les lutins à la peau
orange s'appellent Ping et Pong.
Ils cultivent eux aussi des boules
et des ampoules d'arbre de Noël.

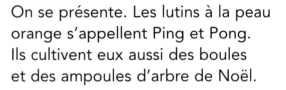

BiNG ET BONG
SONT ÉBLOUIS
PAR TANT DE
SPLENDEUR.

30

On en arrive donc à parler affaires.
On convient d'un échange de boules et
d'ampoules entre le nord et le sud. On se dit
que les habitants des pays froids seront
sûrement très heureux de découvrir les boules
et les ampoules tropicales aux couleurs
éclatantes… Quant aux habitants d'Ailleurs,
ils seront enchantés d'ajouter dans leurs
arbres de Noël quelques boules plus sobres
venant de plantations du nord.

De retour chez eux, Bing et Bong distribuent les décorations
dans tous les bons magasins des villes et des villages de
la région. Bientôt, les comptoirs regorgent de boules et
d'ampoules tropicales, qui feront la joie des futurs clients.

Cette année-là, les arbres de Noël de la région sont
magnifiques, grâce aux boules et aux ampoules d'Ailleurs.
Bing et Bong se félicitent de leur débrouillardise. Encore
de nos jours, ce sont eux qui cultivent et qui importent les plus
belles décorations d'arbre de Noël.

Les lutins de Noël, Henriette Major,
Les Éditions Héritage inc., 1987.

BING ET BONG
SE FÉLICITENT
DE LEUR
DÉBROUILLARDISE.

Clara Bistouille
et le père Noël

Il y a belle lurette
que la sorcière Clara Bistouille
est amoureuse du père Noël.
Et tous les soirs depuis longtemps,
elle s'endort en soupirant:

— Mais qu'il est beau ! mais qu'il est
grand ! Ah ! que je l'aime… un peu…
beaucoup… passionnément !

Alors, cette année, c'est décidé,
Clara Bistouille va l'épouser.
Elle se met du rouge à ongles,
du rouge à lèvres, du rouge à joues,
et puis du vert sur les paupières, c'est de bon
goût chez les sorcières. Et elle s'envole chez
le père Noël lui annoncer la bonne nouvelle.

Mais le père Noël rit de bon cœur:

— Enfin Clara, ça fait des milliers d'années
que je suis célibataire, ce n'est pas pour
épouser aujourd'hui une sorcière !

Clara Bistouille se jette à ses pieds:

— Oh, père Noël, s'il te plaît, je te
bichonnerai, je ferai tes paquets; laisse-moi
essayer de te plaire.

Comme c'est bientôt Noël, le père Noël
ne veut surtout pas que quelqu'un pleure
ce jour-là. Alors, il installe une petite chaise
pour Clara Bistouille, dans son atelier.

Le premier jour, Clara Bistouille est enchantée. Elle frise quelques rubans et elle soupire régulièrement :

— Père Noël, père Noël… un petit baiser.

Mais le père Noël répond en riant :

— Plus tard, Clara, plus tard, je travaille.

Alors, au bout d'un moment, Clara Bistouille s'ennuie terriblement. Pour se changer les idées, TAC ! elle transforme un joli nounours en monstre gluant et dégoulinant. Mais le renne Aristide l'a vue. Pour qu'il ne parle pas, TCHAC ! elle le fait disparaître.

Du fond de son atelier, le père Noël dit :

— Allons, Clara, ne te laisse pas aller, tu es venue pour nous aider, pas pour nous faire rater Noël. Rends-moi mon renne.

Toute gênée, Clara Bistouille fait réapparaître Aristide.

Le lendemain, Clara recommence à s'ennuyer. Pour retrouver sa bonne humeur, TAC ! elle transforme une poupée en crapaud, et TAC ! une autre en araignée. Mais le gnome Isidore l'a vue. Alors pour qu'il se taise, elle le fait disparaître.

Du fond de son atelier, le père Noël crie :

— Allons, Clara, ne te laisse pas aller. Tu es venue pour me bichonner, pas pour faire disparaître mon gnome préféré.

Toute gênée, Clara Bistouille fait réapparaître Isidore.

Le troisième jour, les rennes et les gnomes surveillent de près Clara Bistouille. Et au premier sort qu'elle jette, ils se mettent tous à crier :

— Père Noël, la sorcière abîme notre travail, ce n'est plus possible, il faut qu'elle s'en aille.

Alors, bien tranquillement, le père Noël s'en va farfouiller
dans sa malle à courrier et il dit :

— Écoutez-moi ces lettres-là :

«Cher père Noël, voilà
deux ans que je rêve
d'avoir un monstre
gluant et dégoulinant...»

«Cher père Noël, j'en ai
assez des poupées
à habiller et à coiffer,
j'aimerais tellement
un jeu de crapauds
avec des araignées !»

«Cher père Noël, tu m'as déjà donné
un déguisement de fée et je t'en
remercie, mais cette année, ce qui
me fait envie c'est une panoplie
de sorcière.»

Vous voyez, des lettres comme ça, j'en ai des milliers. Alors
heureusement que Clara s'est proposée si gentiment pour nous
aider. Elle a bien travaillé. En bonne sorcière, elle nous a fait
des tas de jouets que l'on n'aurait jamais su faire.

Clara Bistouille regarde ses pieds, elle est un peu fière et très
gênée. Et le père Noël ajoute :

— Alors, pour la remercier, nous allons l'inviter à réveillonner !

Le soir du réveillon, le père Noël demande :

— Clara, pour Noël, j'aimerais bien t'offrir un cadeau qui
te plaise vraiment. Choisis ce que tu veux dans tout mon atelier.

Évidemment, Clara Bistouille bredouille :

— Père Noël, père Noël… un petit baiser.

Et elle sort de derrière son dos un cadeau qu'elle a préparé.
Elle commence à expliquer :

— Voilà, c'est pour toi, c'est une petite liqueur qui aide
à digérer…

Mais le père Noël l'interrompt :

— Allons Clara, n'essaie pas de m'entourlouper. Ça ne serait pas
plutôt une grosse potion… d'amour ?

Clara Bistouille est toute gênée, elle rougit de la tête aux pieds.
Alors, le père Noël met sur un sucre une petite goutte de potion.
Pas trop pour ne pas se retrouver marié, mais juste assez pour
avoir envie de déposer sur la joue de Clara un petit baiser,
en murmurant :

— Joyeux Noël, Clara Bistouille !

«Clara Bistouille et le père Noël», texte de Marie-Agnès Gaudrat,
© *Pomme d'Api*, Bayard Jeunesse, 1991.

Encore une chanson d'amour

Il a neigé trois fois la hauteur des maisons
Il a plu quatre fois comme l'anse est profonde
Le vent a fait trois fois cent fois le tour du monde
Le soleil a poli des siècles de saisons
Et mes amours sont demeurées les mêmes
Je l'aime

«Encore une chanson d'amour»
in *Tenir Paroles*, volume II, Chansons 1968-1983,
Gilles Vigneault, Nouvelles Éditions de l'Arc, 1983, p. 450.

L'auteur de ce poème, Gilles Vigneault, a aussi écrit les paroles de la chanson qu'on fredonne souvent aux anniversaires: «Mon cher..., c'est à ton tour...». Le savais-tu?

Je te donne

Je te donne pour ta fête
Un chapeau couleur noisette
Un petit sac en satin
Pour le tenir à la main
Un parasol en soie blanche
Avec des glands sur le manche
Un habit doré sur tranche
Des souliers couleur orange:
Ne les mets que le dimanche
Un collier, des bijoux
Tiou!

«Je te donne» in *Pour les enfants et pour les raffinés*,
*Œuvres burlesques et mystiques de Frère Matorel,
mort au couvent de Barcelone*,
Max Jacob, Kahnweiler, Gallimard, 1912.

DANS LES FILETS DE CUPIDON

4

0

PREMIÈRE PARTIE

QUATRE BUTS À ZÉRO ! Je n'en reviens pas ! Nous nous sommes fait lessiver par les Lutins du lac Clément. Des nuls ! Des schtroumpfs sur patins ! La pire équipe de la région.

Tout ça à cause de Cupidon ! Depuis que Mario s'est entiché de Marie-Claude Gélinas, il flotte au-dessus de sa cage. L'amour a transformé notre gardien en passoire.

Au début de la deuxième période, j'en avais plein les patins ! J'ai foncé vers Mario et j'ai frappé deux ou trois fois contre son masque :

— Il y a quelqu'un là-dedans ?

Mario a soulevé sa visière. Il m'a regardé sans me voir. Comme si j'étais transparent. Puis, du bout de son gant, il a envoyé un baiser en direction de Marie-Claude.

Un Lutin en a profité pour exécuter un terrible lancer frappé. La marque était de trois à zéro. En faveur des Lutins, bien entendu.

Nous n'avons jamais rattrapé notre retard.

Nous regagnons piteusement notre cabane en planches construite à quelques mètres de la patinoire. Dans ce vestiaire de fortune, l'atmosphère n'est pas à la joie. François, notre entraîneur et le professeur de plusieurs d'entre nous, ne dit rien. Il fixe notre gardien droit dans les yeux et sort. Les joueurs en font autant. Je reste seul avec Mario.

Il griffonne quelque chose sur un bout de papier. Il sourit aux anges.

— Qu'est-ce que tu fais ? Tu notes tes erreurs ?

Mario ne lève même pas la tête.

— Quoi ?... Euh... je compose un poème. Je vais l'envoyer au concours «Déclarez votre amour» organisé par les chocolats *Nous Deux*. Si mon texte est choisi, je le réciterai à la télé, le jour de la Saint-Valentin. Tiens, écoute ça: *Marie-Claude, c'est ton Mario qui prend sa plume pour t'écrire un mot...* Qu'est-ce que t'en penses ?

— Très original... Comme ta nouvelle façon de garder le but !

Je perds mon temps. Mario ne m'entend pas.

J'empoigne mon sac et je file.

DEUXIÈME PARTIE

PATINS DE BOIS! Ce matin, Mario nous a annoncé qu'il abandonne le hockey. Désormais, il se consacre uniquement à la télé.

Croyez-le ou non, le poème de notre gardien de but a plu aux responsables de l'émission *Déclarez votre amour*. Mario ne touche plus terre. À l'entendre, on croirait que Walt Disney en personne lui a offert le rôle principal dans son prochain film.

Notre gardien de but se voit déjà à Hollywood pour y recevoir un Oscar. Je ne serais pas surpris d'apprendre qu'il a déjà rédigé son discours pour l'occasion. Je peux facilement imaginer à quoi ça ressemblerait:

«Je voudrais remercier mon père et ma mère pour m'avoir donné la vie. Ma tante Clara, de qui je tiens mes talents d'écrivain. Mon oncle Gérard. Ma tortue, Bertha. Mon chien, Major. Et, surtout, merci à Marie-Claude, le soleil de ma vie.»

Au fond, si Mario nous laisse tomber, c'est autant par amour d'une fille que par amour d'une lentille.

Dans les filets de Cupidon,
Marie-Andrée Boucher Mativat, Montréal,
Éditions Pierre Tisseyre, 1998, p. 7-16.

Un ticket pour le bout du monde

**Marine et Marie-Douce sont nées le même jour.
Elles sont voisines et forment un duo hors pair.
Bref, elles sont les meilleures amies du monde. Mais...**

C'était il y a trois mois, juste avant les grandes vacances.
Je me dépêchais de desservir la table et de ranger la cuisine
pour aller regarder mon émission de télévision préférée.
C'est alors que Marie-Douce, en pyjama, est entrée en coup
de vent dans la cuisine.

À première vue, il n'y avait là rien d'extraordinaire, c'était
même coutumier que nous passions nos soirées ensemble
devant le téléviseur. Mais ce fameux lundi soir, Marie-Douce
pleurait et, dans son cas, c'était exceptionnel.

— Patate est morte !

— N...n...on ! bafouillait Marie-Douce.

— Alors, tes parents se séparent ?

— N...n...on !

— Alors quoi ?...

Je cherchais désespérément les raisons de son chagrin parmi
toutes les horreurs que j'étais capable d'imaginer.

Trois mots glissèrent de ses lèvres, trois mots que j'aurais
préféré ne jamais entendre.

— Mes... parents... déménagent...

La nouvelle m'est tombée dessus comme un éléphant. Bang !
C'était mille fois pire que tout ce que j'aurais pu envisager.
J'étais pétrifiée, sans voix, incapable de reprendre mon souffle
et mes esprits : une statue plantée au milieu de la cuisine.

— Tu ne comprends pas, Marine… Mon père a trouvé
un nouvel emploi… à Joli-Bois. Mes parents vont s'y installer
et moi, il faut bien que je déménage avec eux… à Joli-Bois.
C'est à deux cents kilomètres d'ici…

Deux cents kilomètres ! Mon amie s'en allait vraiment au bout
du monde ; ni l'une ni l'autre, nous ne pourrions jamais faire
un si long trajet à bicyclette.

J'ai explosé.

— C'est la catastrophe, la ca.ta.stro.phe !

Ce soir-là, nous avons déclaré
la guerre au déménagement.

Systématiquement, tous les jours,
nous avons essayé de l'empêcher,
de le retarder.

Nous nous sommes réfugiées dans le petit bois, mais Patate
a flairé nos traces et a repéré notre cachette : il a tant jappé
que nos parents nous ont retrouvées bien avant la tombée
du jour.

Le lendemain, nous avons tenté de fuguer mais toute l'école
s'est lancée à nos trousses ; ceux qui nous ont rattrapées
nous ont sermonnées et ramenées à la maison par la queue
de chemise.

Élise Gravel, l'illustratrice de ce texte, dessine depuis qu'elle est toute petite. Elle aime travailler avec les enfants, lire, bricoler, faire du vélo et paresser avec ses deux chats. Son rêve: écrire et illustrer plein de livres pour enfants!

Devant tant d'adversité, nous avons changé de tactique: Marie-Douce a supplié ses parents de la laisser vivre ici, seule, en les assurant qu'elle saurait se débrouiller. Ils n'ont pas accepté parce qu'elle était trop jeune, disaient-ils, et que de toute façon la maison était vendue.

De mon côté, j'ai proposé à mes parents d'adopter Marie-Douce pour qu'elle devienne officiellement ma sœur et habite avec nous. Ils ont refusé tout net, prétextant que cela ferait trop de peine aux parents de Marie-Douce.

— Ne t'en fais pas, Marine! Un de ces bons dimanches, nous irons nous promener à Joli-Bois et vous passerez toute la journée ensemble, toi et Marie-Douce!

Ils ont fini par emballer la maison; le camion est parti le samedi matin et à la fin de la journée, Marie-Douce partait à son tour.

Extrait de *Un ticket pour le bout du monde*, Johanne Gaudet, Montréal, Les Éditions du Boréal, 1994, p. 15-16, 18-23.

LA TORTUE

C'est la tortue de Lulu

Qui s'en va tout doucement

Chercher trois feuilles de laitue

Par un matin de printemps

Mais quand elle arrive enfin

Les laitues ont disparu

C'est l'hiver dans le jardin

Et faut changer de menu !

Aimes-tu toi aussi les animaux ? Alors, les poèmes *Faim de loup* et *Tous les chats...* t'intéresseront sûrement ! Ils sont écrits par le même auteur. Tu les trouveras aux pages 136 et 137 de ce dossier.

«La tortue» de Jean-Marie Robillard in *Saperlipopette !*,
Collection Milan Poche Benjamin dirigée par Michel Piquemal,
© Éditions Milan, 2000, p. 8-9.

Le Peintre toqué

Coiffé d'une toque, chargé d'un sac à pots et d'étuis à pinceaux, Prosper Lagouache battait la campagne. Une sorte de manie lui faisait peindre tout et partout. La veille de Pâques, Prosper arriva devant Calcaire, la ville blanche des tailleurs de pierre. Il tomba à genoux à la vue des murs que le soleil illuminait.

— Ô ville ! Tu es belle comme la toile qui n'attend que le pinceau !

Le peintre alla au palais et, ôtant sa toque, demanda au roi de la ville :

— Sire, est-ce que je pourrais peindre sur vos murs blancs ?

— Ah, ah, ah ! rit d'abord celui-ci en tapotant le gros marteau pendu à sa ceinture, puis il ajouta :

— Qui le fera sera écrabouillé, foi de Pierre 1er !

— Bon, murmura Prosper, je vois, il ne sait pas ce qui est beau.

Il attendit que les habitants soient endormis, et, au clair de la lune, il peignit toute la nuit.

Au petit matin, il signa «Prosper Lagouache» en lettres énormes sur la muraille qui encadrait la ville.

Les habitants s'éveillèrent. Les volets claquèrent et des cris de dégoût retentirent : «Ho !» «Ha !» «Hurk !» «Berk !» «Quelle horreur !»

Le roi, de colère et de stupéfaction, en perdit ses molaires. Il ordonna d'une voix terrible :

— Attrapons le crétin, le gredin, le rapin qui a peint notre ville !

L'artiste incompris s'enfuit poursuivi par tous les habitants : hommes, femmes, enfants, chiens, chats et canaris. On suivait Prosper à la trace, ou plutôt à la tache : ce peintre toqué ne pouvait passer un pont sans le colorier ou tirer l'eau d'un puits sans lui barbouiller la margelle.

En passant près d'une ferme, Prosper peignit deux ou trois poules, badigeonna la fermière et vola un panier d'œufs pour son petit déjeuner. Sitôt gobé, l'œuf était peint et déposé au bord du chemin.

C'est ainsi, en ramassant un œuf après l'autre, que ses poursuivants le retrouvèrent et l'attrapèrent. Le roi Pierre 1er, brandissant son marteau, ordonna :

— Qu'on l'écrabouille ! Mais soudain la terre trembla. Le sol se crevassa, les murs de la ville, au loin, s'écroulèrent dans un nuage de poussière. Le moment de stupeur passé, les habitants s'écrièrent :

— Ce peintre toqué nous a sauvés d'un tremblement de terre !

— Il faut marquer ce jour de Pâques d'une pierre blanche ! ordonna Pierre 1er. La ville fut reconstruite, aussi belle, aussi blanche, mais plus solide. Le roi avait nommé Prosper peintre de haute et basse-cour.

Les habitants de Calcaire fêtèrent chaque printemps la chance d'avoir été épargnés. Délaissant pour un temps leur carrière, ils battaient la campagne en cherchant des bidules peinturlurés, principalement les œufs que Prosper gobait et peignait à longueur d'année. Et la coutume, vous le savez, est restée. Voilà la vraie histoire de Pâques, telle qu'elle m'a été contée... par Johnny Lagouache, un descendant de Prosper qui tague tous les murs blancs de mon quartier !

Les plus beaux contes de Toboggan,
texte de Romain Drac, illustrations de Laurence Cleyet-Merle,
© Éditions Milan, 1999, p. 14-18.

L'œuf de Pâques

Depuis très longtemps, l'œuf fait partie des traditions de la fête de Pâques. On le décore, on l'offre en cadeau et on l'utilise même dans certains jeux. Voici comment...

On décore les œufs

Il y a très longtemps, on décorait les œufs de motifs exprimant des vœux. Par exemple, on peignait des petits soleils pour obtenir du beau temps. De nos jours, dans certains pays, on peint les œufs selon une technique en plusieurs étapes. On fait les dessins sur la coquille avec de la cire. Puis on applique les couleurs sur les parties de l'œuf qui ne sont pas recouvertes de cire. On répète ces opérations plusieurs fois. Finalement, on cuit les œufs au four. Ils deviennent durs et brillants.

On les offre en cadeau

Les premiers œufs en chocolat sont fabriqués en France, au 18e siècle. On a simplement vidé un œuf frais qu'on a ensuite rempli de chocolat. Depuis ce temps, des œufs en chocolat sont offerts à Pâques un peu partout dans le monde et de différentes façons. On prétend même…

- qu'au Canada, en Australie et aux États-Unis, c'est le lapin ou le lièvre qui assume la livraison;

- qu'en France, ce sont les cloches de Pâques qui répandent des œufs qu'elles ont dissimulés sous leur grosse jupe de fonte ou d'étain;

- qu'en Autriche, la poule apporte les œufs tandis qu'en Allemagne, c'est la cigogne qui joue ce rôle.

On joue avec les œufs

Dans le passé, on a joué aux jeux suivants avec les œufs.

- La «toquée»: deux joueurs s'affrontent. Chaque joueur tient fermement un œuf dur dans sa main et le cogne sur celui de son adversaire. Celui qui casse son œuf perd la partie.

- La «roulée»: plusieurs joueurs participent au jeu. Chaque joueur fait avancer son œuf comme une bille sur un terrain plat ou en pente. L'œuf doit arriver à un endroit déterminé à l'avance sans se briser.

Ginette Létourneau

TABLEAU DE SABLE

MATÉRIEL

Sable fin • 1 feuille de carton
Craies de couleur • Colle blanche
1 passoire fine

RÉALISATION

1 Trace au crayon, sur le carton, un dessin aux contours simples.

2 Choisis les craies dont tu auras besoin en fonction des couleurs de ton dessin. En frottant les craies sur une petite passoire fine, réduis-les en poudre.

3 Mélange dans un petit récipient 15 ml de sable fin avec 15 ml de poudre de craie. Utilise un récipient par couleur.

4 Enduis de colle la surface prévue pour une couleur et recouvre-la de sable coloré. Procède de même pour chaque couleur. Tapote légèrement pour éliminer le sable superflu.

«Tableau de sable» in *Les enfants aiment le bricolage*, Catherine et Rémy Lafarge, Ingersheim, Éditions S.A.E.P., 1994, p.142-143.

¡Ole ! Botero !

C'est l'été et il fait beau. Les Botero décident donc d'aller pique-niquer au bord de l'eau.

Dans un grand panier d'osier, ils emportent des yoyos, des salades, des bretzels et une grande bouteille d'eau.

— Ça serait une journée idéale pour une randonnée à vélo, se lamente Sandro.

— Ça serait idéal pour faire du pédalo, soupire Pedro.

— Non ! Non ! Non ! protestent M. et Mme Botero. Allons plutôt pique-niquer au bord d'un cours d'eau.

Ils roulent une heure, deux heures, puis s'arrêtent enfin au bord d'un étang.

Lorsqu'ils ont mangé et bu tout ce que contenait le panier à provisions, M. Botero décide de faire une sieste. Mme Botero et les jumeaux choisissent plutôt d'aller cueillir des pissenlits.

Par malheur, en passant dans le pré, ils réveillent le taureau qui, comme M. Botero, faisait la sieste.

Furieux, l'animal raccompagne les Botero jusque chez eux. Au grand galop !

© Carmen Marois, 1992

Gabrielle Grimard est l'illustratrice de ce texte. Regarde les pages 15 à 19 et 102 à 105 pour trouver d'autres très belles illustrations qu'elle a faites.

51

Les moustiques

Les moustiques
Piquent, piquent
Les gens qui
Pique-niquent.

Ils attaquent,
En oblique,
Les hamacs
Élastiques

Et bivouaquent,
Sans panique,
Dans les sacs
En plastique.

Les moustiques
Font la nique
Aux gens qui
Pique-niquent.

Et qu'ils piquent
Et repiquent
En musique.
C'est comique !

Extrait de *Comptines*
pour que les consonnes sonnent,
Pierre Coran / © CASTERMAN S.A

La grenouille

Une GRENOUILLE
Qui fait surface
Ça crie, ça grouille
Et ça agace.

Ça se barbouille,
Ça se prélasse,
Ça tripatouille
Dans la mélasse,

Puis ça rêvasse
Et ça coasse
Comme une contrebasse
Qui a la corde lasse.

Mais pour un héron à échasses,
Une GRENOUILLE grêle ou grasse
Qui se brochette ou se picore,
Ce n'est qu'un sandwich à ressorts.

«La grenouille» in *Jaffabules* de Pierre Coran,
coll. Le Livre de Poche Jeunesse, © Hachette Livre, 1990.

Étonnant !

C'est un oiseau qui prend son temps,
Un chat qui joue au cerf-volant,
Un écolier qui parle au vent,
Une rue qui rêve en marchant,
Une vitre qui se défend
Contre un soleil trop éclatant,
Un cygne qui s'en va, si blanc
Que le ciel le suit en riant,
Et moi, oui, moi, toujours présent
Où quelque chose d'étonnant
Arrive presque à chaque instant.

«Étonnant!» in *Le moulin de papier*,
Maurice Carême,
© Fondation Maurice Carême,
tous droits réservés.

L'auteur,
Maurice Carême, est un grand
poète. Pour en savoir un peu
plus sur son œuvre,
va à la page 141 de
ce dossier.

Au fil des jours

Des princes et des princesses

Des intrigues amusantes

Des histoires et des gens

Poésie

À propos de cette partie...

Cette partie du dossier ne contient que des textes POUR LE PLAISIR DE LIRE... Humour, rêverie, surprises et, bien sûr, plaisir sont au rendez-vous !

Au cours du deuxième cycle, tu auras l'occasion de te rappeler, peut-être, certains contes de princes et de princesses de ton enfance... Mais tu en liras d'autres dans lesquels Des princes et des princesses te surprendront ! Tu rencontreras aussi des personnages sympathiques qui vivent Des intrigues amusantes, parfois dans le passé et même dans le futur ! D'autres textes te feront découvrir Des histoires et des gens. Des gens comme toi, mais aussi comme tes parents ou tes grands-parents, qui vivent des histoires parfois cocasses ou franchement drôles ! Enfin, dans la section Poésie, des poètes ont écrit pour toi sur les animaux, les gens, le temps ou les rêves. Ça te tente ?

La plupart de ces textes proviennent de livres ou de recueils que tu peux trouver facilement. Prête attention aux références notées à la fin des textes, elles te permettront de mettre la main sur ces livres à la bibliothèque et de rencontrer à nouveau ces personnages...

Finalement, consulte aussi souvent que possible la rubrique ILS ONT ÉCRIT POUR TOI ! En plus de lire quelques notes sur la vie d'auteurs de certains textes du dossier, on t'informe sur leurs récentes parutions... Parions que tu voudras retourner à la bibliothèque !

Les trois plumes

IL ÉTAIT UNE FOIS un roi qui avait trois fils. Les deux aînés étaient beaux et grands, mais semblaient dépourvus d'intelligence. Le plus jeune était petit, timide et bégayait. On le surnommait Simplet.

Le vieux roi se demandait bien auquel de ses trois fils il léguerait son royaume à sa mort. Il décida de les soumettre à une épreuve. Il les réunit et leur dit :

— Celui qui me rapportera le plus beau tapis sera roi après ma mort. Je vais souffler ces trois plumes en l'air, une pour chacun de vous. Là où elles voleront, vous irez.

Une première plume s'envola vers l'est et la deuxième vers l'ouest. La troisième tournoya en l'air, puis tomba aux pieds de Simplet. Les deux aînés étaient déjà partis, l'un vers la droite et l'autre vers la gauche, pleins d'assurance et riant de leur jeune frère.

Simplet était resté là, assis par terre. C'est alors qu'il remarqua une petite trappe près de la plume, au sol. Il souleva la trappe, découvrit un long escalier et descendit de nombreuses marches. Arrivé devant une porte, il frappa. Une voix cria :

— Mademoiselle la verte rainette, allez voir vite !
On nous rend visite !

La porte s'ouvrit. Simplet vit des grenouilles affairées, dont l'une grasse et verte sur un trône doré. Elle lui demanda si elle pouvait l'aider.

— J'aimerais b…ien avoir le pl…us beau des ta…pis, dit-il.

La grasse grenouille fouilla dans une boîte et en sortit un tapis si beau qu'il ne pouvait en exister de plus beau. Simplet la remercia et remonta.

Entre-temps, les deux aînés, convaincus que leur jeune frère ne rapporterait rien, s'étaient procurés des tapis tissés dans un tissu grossier. Quelle ne fut pas leur surprise ! Simplet avait trouvé le plus beau des tapis. Le roi le déclara gagnant et futur roi. Les deux aînés s'opposèrent à ce que le cadet devienne roi et persuadèrent leur père de proposer une autre épreuve.

— Celui qui me rapportera la plus belle bague sera roi. Je vais souffler ces trois plumes en l'air. Là où elles voleront, vous irez.

Une première plume s'envola vers l'est et la deuxième vers l'ouest. La troisième voltigea en l'air, puis se posa aux pieds de Simplet. Quand ses frères eurent quitté les lieux, Simplet descendit voir la grasse grenouille. Arrivé en bas, il bafouilla :

— Cette fois, j'au…rais be…soin de la plus magnifique des bagues.

Encore une fois, la grasse grenouille fouilla dans sa boîte. Elle en sortit une bague si splendide qu'il ne pouvait exister de bijou plus précieux. Simplet la remercia mille fois et remonta.

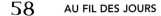

Entre-temps, les deux aînés, un peu paresseux, avaient folâtré. Croyant que leur jeune frère reviendrait bredouille, ils avaient déniché des anneaux en or, jolis, mais sans plus. Quelle ne fut pas leur surprise ! Simplet avait trouvé une bague qui était cent fois plus magnifique. Le père le déclara gagnant et futur roi. Les deux aînés s'opposèrent à cette décision et demandèrent une dernière épreuve.

— Celui qui reviendra avec la plus charmante jeune fille sera roi. Allez ! suivez la direction indiquée par ces plumes !

Le roi souffla les trois plumes, qui s'envolèrent de la même façon. Simplet souleva la trappe et descendit les marches. En bas, il bafouilla :

— Maintenant, j'au…rais b…ien besoin d'une charmante femme.

Cette fois, la grasse grenouille sortit de sa boîte une petite carotte creuse à laquelle six souris étaient attelées. Puis elle dit :

— Choisis une de mes vertes rainettes, installe-la sur la carotte et charmante demoiselle elle deviendra !

Simplet fit ce qu'on lui demanda. La carotte se transforma
en carrosse et les souris en chevaux. Et la rainette devint
une si charmante jeune femme qu'il ne pouvait en exister
de plus belle. Simplet remercia gentiment la grasse grenouille.

Entre-temps, les deux aînés avaient erré à la recherche d'une
jolie femme. Les deux femmes qui les accompagnaient n'avaient
guère de charme. Quelle ne fut pas leur surprise ! Simplet avait
ramené une femme belle comme le jour. Le père le déclara
gagnant et futur roi. Les deux aînés s'opposèrent à cette
décision, mais en vain. Le roi annonça :

— C'est à Simplet que le royaume appartiendra à ma mort.

Simplet et sa charmante princesse se marièrent. On invita les
petites rainettes. Le roi mourut en paix : il avait laissé son trône
au meilleur de ses fils.

Conte des frères Grimm,
adapté par Linda Tremblay

LA PRINCESSE
au petit pois

IL ÉTAIT UNE FOIS un prince, beau et riche, qui souhaitait se marier. Mais attention ! Il voulait épouser une princesse, une vraie princesse !

On lui présenta donc de jeunes et jolies demoiselles. Mais le prince était bien exigeant ! Aucune ne lui convenait. Elles étaient ou trop **PETITES** ou pas assez *élégantes* ou trop GRANDES ou…

— Comment dénicher une vraie princesse ? se demanda-t-il.

Le jeune prince décida alors de partir en voyage dans les royaumes voisins. Il était convaincu d'y découvrir une vraie princesse. Mais il ne la rencontra pas. La princesse de ses **rêves** n'existait pas !

Déçu, découragé, désolé, le pauvre prince retourna à son palais. Ses parents étaient bien tristes de le voir si désemparé.

Un soir, un effroyable **orage** s'abattit sur toute la région. Des ÉCLAIRS transperçaient le ciel. Une pluie lourde et froide détrempait le sol.

Soudain, entre deux explosions de **tonnerre**, on entendit frapper à la porte du château.

— Qui va là ? demanda le roi.

— Excusez-moi de vous déranger, répondit une jeune fille à la voix enrouée. Je suis une princesse et je me suis perdue en chemin. Atchoum ! fit-elle en tentant de peigner sa blonde chevelure, raidie par la pluie. Puis-je entrer ?

— Mais certainement ! s'exclama le roi.

On offrit à la jeune fille vêtements secs, *lait* chaud et **biscuits** chocolatés.

— Vous passerez bien la nuit ici, proposa la reine. Je vous fais préparer tout de suite une chambre !

La reine se dirigea vers la cuisine en murmurant :

« Elle prétend être une princesse. C'est ce qu'on va voir ! »

Arrivée à la cuisine, elle demanda au chef un **pois**. Un tout petit pois, bien rond et bien vert !

Elle déposa le pois dans un LIT. Puis elle ordonna à ses servantes d'y empiler vingt matelas et vingt édredons ! Elle conduisit ensuite la jeune princesse à ce lit.

Le lendemain matin, un soleil radieux illuminait le château.

— Avez-vous passé une bonne nuit, jeune fille ? demanda la reine.

— Eh bien… non ! Il y avait quelque chose de DUR dans mon lit. Cela m'a empêchée de bien dormir. Me voilà maintenant toute courbaturée !

— Hourra ! s'écria la reine. Vous avez senti un tout petit pois malgré les matelas et édredons. Vous devez avoir la peau bien délicate ! Vous êtes assurément une **vraie** princesse !

C'est donc ainsi que le prince découvrit, enfin, sa vraie princesse !

Et le petit **pois** dans tout ça ? Il est conservé dans un musée… à moins que quelqu'un l'ait mangé !

Conte de Hans Christian Andersen,
adapté par Sylvie Lucas

LE CHAT BOTTÉ

Il était une fois un fils de meunier bien attristé. Son père venait de mourir. Quel malheur ! Et pour tout héritage, il n'avait reçu qu'un chat rusé.

Voyant le jeune garçon pleurer, le chat lui dit :

— S'il te plaît, donne-moi un sac et des bottes.

— Un sac et des bottes pour un chat ! Ça va être joli ! dit le garçon avec ironie.

— Allez ! donne-les-moi ! Tu ne le regretteras pas. Promis !

Le jeune garçon offrit donc au chat ce qu'il avait réclamé.

Le matou enfila ses bottes, prit son sac… et partit à la chasse ! Mais au lieu d'une souris, il attrapa un lapin. Eh oui ! Puis il se rendit voir le roi du pays.

— Majesté ! j'ai pour vous un cadeau de mon maître, le marquis de Carabas.

Et le chat botté donna le lapin au roi. Il en fut ainsi pendant des mois. Chaque jour, le chat apportait du gibier au roi de la part de son maître.

Par un bel après-midi d'été, le chat
proposa au jeune meunier de se baigner.

Le roi et sa fille passaient justement par là. Le chat botté leur
cria alors à vive voix :

— Aidez-nous ! Mon bon maître se noie !

Vite ! On sortit le marquis du lac.

— Quelle horreur ! cria encore le chat. Des voleurs lui ont pris
ses habits !

Le roi envoya donc chercher des vêtements secs pour le jeune
garçon. Puis il l'invita à se promener avec lui et sa fille.

Le chat botté les devança. Sur son chemin, il aperçut bien
des gens. À tous, il ordonna :

— Le roi s'en vient par ici. Dites-lui que ces terres
appartiennent au marquis de Carabas. Sinon, je vous coupe
en petits morceaux !

Lorsque le roi demanda à qui étaient ces belles terres,
tous répondaient :

— Au riche marquis de Carabas !

Le chat botté alla ensuite au château d'un grand magicien.

— On m'a dit, Monsieur le Magicien, que vous pouviez vous changer en animal. Est-ce bien vrai ?

— Oui ! rugit le magicien devenu lion.

— Ouf ! que vous êtes impressionnant ! Mais pouvez-vous vous changer en souris maintenant ?

— Oui ! couina le magicien devenu souris.

Et le chat la mangea ! Puis il monta au balcon et aperçut le roi et sa fille, qui passaient par là.

— Bienvenu au château du marquis de Carabas, majesté ! leur cria-t-il.

Ébloui par la richesse du marquis, le roi lui donna sans tarder la main de sa fille.

Depuis, on dit qu'il n'y a plus de souris dans la région. Le chat botté les a toutes mangées !

Conte de Charles Perrault,
adapté par Sylvie Lucas

LA PETITE FILLE QUI VOULAIT ÊTRE ROI

Il était une fois une bergère qui voulait être roi.
Elle se rendit au château afin de proposer au roi
de changer de rôle avec elle. Ça tombe bien !
Le roi, lui, a toujours envié la liberté de la bergère.
Mais aimera-t-il réellement ce jeu ?

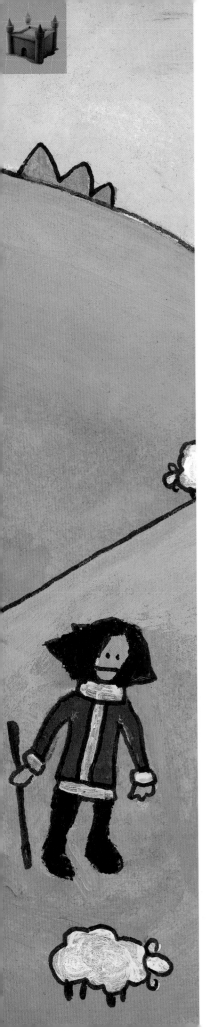

Première partie

Ils échangèrent leurs habits.

— Et maintenant ? interrogea le roi.

— Prenez la clef des champs, Sire ! Occupez-vous de mes moutons, je m'occuperai des vôtres.

Dès que le petit roi mit le pied dans le pré, il commença à courir. Il était fou de joie ! Il ne cessait de se répéter :

— Je suis libre ! Je me suis évadé !

Enfin, il s'écroula dans l'herbe, épuisé, et resta là un temps infini, à se demander ce qu'il pourrait bien faire. Il grimpa d'abord à un arbre, mais paf ! il tomba sur le derrière. Il se releva, un peu sonné, et chercha une autre activité. À quelques pas de là se trouvait un cerisier. Il décida de goûter ses fruits. Il n'avait pas fini de les avaler qu'un vilain mal de ventre le saisit. « Qu'on m'amène le seau ! » voulut-il crier, mais il se rappela qu'il n'était pas chez lui et qu'ici, il n'y avait aucun valet.

C'est alors que la bergère, le voyant de loin et ignorant à qui elle avait affaire, cria :

— Assez joué, ma mie ! Il est temps de fabriquer un abri pour le bois. Je te l'ai demandé des dizaines de fois, alors cela suffit. Tu obéis tout de suite ou tu es punie : choisis !

Le petit roi se dirigea vers l'arrière de la bergerie, là où était entassé le bois de cheminée. Faire un abri… comment ? Il n'en avait aucune idée. Il n'avait jamais rien construit. Il se mit néanmoins à la tâche, utilisant les planches et les madriers qui traînaient çà et là. Tout en travaillant, il songeait que la vie de son amie, la petite bergère, n'était peut-être pas aussi parfaite qu'elle en avait l'air.

DEUXIÈME PARTIE

De son côté, la petite bergère régnait. Elle avait ordonné que l'on nettoie les jardins et que l'on prépare, pour le soir même, un repas du tonnerre. Six cents poulets rôtis. Cinquante cochons braisés. Mille gâteaux à la crème et autant d'éclairs au chocolat. À présent, elle se reposait.

On frappa à sa porte.

— Qui va là ? hurla-t-elle.

Le ministre des Finances entra. Il tremblait de peur. Ne murmurait-on pas, dans les corridors, que le petit roi était devenu fou ? Il était en train de vider le trésor et pour faire quoi ? Un festin populaire ! Monsieur le ministre était rouge d'indignation. Mais comme il était terrifié, il fixait ses souliers. Aussi ne vit-il pas que dans le grand lit à baldaquin siégeait une petite fille et non le roi.

— Parlez ! aboya la bergère.

«Oh là là ! pensa le ministre. Sa Majesté est vraiment en colère !» Alors il n'osa pas aborder le sujet pour lequel il était venu. Il se contenta de bégayer :

— C'est que… euh… les pétards, Majesté. Ils sont un peu mouillés. Ils ne vont peut-être pas éclater.

— Eh bien ! Faites-les sécher !

Le ministre sortit en s'excusant. «Quel idiot, pensa la petite fille. Déranger le roi pour si peu !»

En quelques heures, la jeune bergère vit défiler davantage de ministres qu'elle n'en pouvait compter. Plus la journée avançait et plus Sa Majesté était dégoûtée. Ces discours, ces perruques, ces courbettes lui donnaient mal à la tête. Elle se leva et s'en fut regarder à la fenêtre.

Marie-Danielle Croteau
est également l'auteure
du texte *Surprise
de taille !* qui se trouve
à la page 12.
Tu constateras que
cette auteure aime
surprendre ses lecteurs !

Soudain, elle aperçut le petit roi. Le pauvre !
Il n'arrivait pas à rassembler le troupeau !
Elle siffla, elle aurait voulu lui montrer comment
faire, mais il ne l'entendait pas. Elle le vit lever
les bras en l'air et les laisser retomber. Il était
vraiment découragé. Il essaya encore un peu, puis
il tourna les talons et revint au château en maudissant
ces moutons, si bêtes, plus difficiles à diriger qu'un pays.

Le petit roi et la bergère furent soulagés, l'un et l'autre,
de reprendre leurs habits.

— N'empêche, dit le roi, je me suis bien amusé. Et vous,
ma mie ?

— Sans doute, Majesté ! Sans doute…

Elle marqua un temps d'arrêt, se racla la gorge et annonça,
haut et clair :

— Nous avons rétabli les fêtes populaires !

Le souverain alla à la fenêtre et constata que son peuple
envahissait le palais en chantant et en criant : «Vive le roi !»

Alors le petit roi se sentit heureux. Il se tourna vers son amie :
elle avait disparu. Il regarda dehors et la vit, qui s'éloignait
dans le pré, ses deux chiens noirs sur les talons.

En bas, son peuple l'attendait.

La petite fille qui voulait être roi, Marie-Danielle Croteau,
coll. Il était une fois…, Montréal, Les éditions de la courte échelle, 2001.

La princesse Parlotte

Il était une fois une princesse belle comme de la crème.
Elle s'appelait Charlotte, mais on la surnommait *Parlotte*,
car elle mélangeait les mots quand elle parlait. Et, chaque fois,
tout le monde éclatait de rire. Alors, la pauvre princesse
devenait rose comme un bonbon rose. Et peu à peu, elle prit
l'habitude de parler tout bas, tout bas.

Le jour de ses seize ans, le roi et la reine décident de lui
trouver un prince charmant. Ils déclarent:

— Que celui qui désire l'épouser lui fasse le cadeau
de son choix!

Un prince charmant se présente et il demande:

— Ô toi, si belle, quel trésor puis-je t'offrir?

La princesse rosit et elle murmure de sa toute petite voix:

— *Deux dents de l'oie!*

Le prince est abasourdi. Il dit:

— Deux dents de l'oie! Euh… fort bien!

Et il court demander conseil à son magicien qui soupire:

— Ah, princesses, capricieuses princesses! Écoute, il faut
que tu te rendes au pays de l'Abracabizcorne. On n'y trouve
que de l'abracadabrant, du bizarre et du biscornu. Mais
attention à toi! Quand tu y seras, si tu dis quelque chose
d'ordinaire, tu seras transformé en je-ne-sais-quoi!

Arrivé au pays de l'Abracabizcorne, le prince n'en croit pas
ses yeux : les hommes lavent leur barbe dans du vin,
les escaliers montent vers rien et les chats chantent tralalalila.
Le prince est si étonné qu'il s'écrie :

— Je cherche une oie… euh, une oie !

Et hop, aussitôt, il se transforme en oie ! Il a bien des dents
dans son bec d'oie, mais comme il n'est plus prince, il décide
de rester dans ce pays-là. Quand on apprend que le prince
a disparu, on murmure que la princesse est décidément bien
capricieuse.

Longtemps après, un autre prince se présente au palais.
Ce prince-là bégaye un peu. Il dit :

— Quel… quel… quel trésor…?

La princesse demande d'une toute petite voix triste :

— Je voudrais simplement *une vague en argent*.

Le prince court chez son magicien.

Le magicien s'écrie :

— Ah, princesses, capricieuses princesses ! Tu devras plonger
dans la mer d'Argent. Cette mer est pleine de belles sirènes.
Elles te donneront ce que tu voudras. Mais dès que tu te seras
éloigné, tu te retrouveras les mains vides et tu seras si déçu
que tu voudras te noyer.

Au-delà de toutes les mers, le prince trouva enfin la mer
d'Argent. Elle est ronde comme un saladier d'argent. Il plonge
jusqu'au palais des sirènes, et elles lui donnent un coffret dans
lequel frémit une vague d'argent. Hélas, quand il revient chez
lui, le coffret ne contient plus qu'une minuscule flaque d'eau.
Le prince est si affligé qu'il veut courir à la mer se noyer.

La lecture du texte *Du bout des doigts le bout du monde* à la page 112 te fera connaître un autre personnage qui a appris à vivre différemment.

Mais comme il est très amoureux de la princesse, il décide d'aller d'abord lui dire adieu. Il s'agenouille devant elle et il déclare avec tristesse :

— Je… je n'ai pas pu trouver ce… ce… ce que vous vouliez… Alors, voici ma bague, gardez-la en souvenir de moi. Et il lui tend la bague qu'il porte au doigt. La princesse murmure :

— *Une vague en argent !* Voilà ce que je désirais !

— Une vague… euh… une bague, simplement ? Pourtant, d'habitude, chère princesse, capricieuse princesse, vous exigez des présents si surprenants !

La princesse soupire :

— *Deux dents de l'oie, une vague en argent…*

Soudain, le prince comprend :

— Mais oui ! Deux gants de soie ! Une bague en argent ! Chère princesse, vous n'êtes donc ni exigeante, ni capricieuse, ni cruelle, il suffisait d'écouter de tout près pour comprendre ce que vous disiez !

Et le prince est si heureux qu'il manque d'étouffer la princesse sous les baisers !

«La princesse Parlotte», texte d'Évelyne Reberg, illustrations d'Yves Calarnou, © *Pomme d'Api*, Bayard Jeunesse, 1991.

DES PRINCES ET DES PRINCESSES 73

Au lit, princesse Émilie !

La princesse Émilie est une charmante enfant, qui fait la fierté de ses parents.

Elle est fort distinguée, toujours bien habillée, jamais décoiffée. Sauf les jours de grand vent, évidemment…

Jamais elle ne met ses doigts dans son plat. Ni ne refuse de finir ses petits pois.

Elle étudie avec ardeur et sait de très beaux poèmes par cœur.

Il n'y a qu'un problème, assurément. Mais si petit… insignifiant ! La princesse Émilie n'aime pas aller au lit.

Chaque soir, lorsque sonnent huit heures, souffle sur le château un vent de terreur.

— Ne croyez-vous pas, mon royal mari, qu'il est temps que notre fille bien-aimée aille se coucher ? demande la reine.

— Hélas oui, ma chérie, soupire le roi.

Et il dépêche son chevalier le plus courageux à la salle de jeux, pour transmettre immédiatement un message des plus importants:

— C'est l'heure de vous coucher, princesse d'une grande beauté !

Rien n'y fait. Et à chaque fois s'engage une course endiablée.

La princesse Émilie s'enfuit, plus vite qu'une souris. Elle court, elle court. La voilà dans l'escalier. Tandis que le chevalier essaie de la rattraper, suivi du roi et de la reine affolés.

Car rien ne peut arrêter une princesse qui ne veut pas se coucher. Ni les sombres escaliers. Ni les oubliettes pleines de fils d'araignée.

Et tandis que le chevalier amoché, le roi et la reine barbouillés la suivent en poussant des cris stridents: «Aidez-nous à l'attraper!», la princesse Émilie s'enfuit, plus vite qu'une souris. Elle court, elle court. La voilà dans la salle d'armes.

Car rien ne peut arrêter une princesse qui ne veut pas se coucher. Ni les longues épées effilées. Ni les lances, ni les boucliers.

Et tandis que le chevalier décoiffé, le roi et la reine apeurés la suivent en poussant des cris déchirants: «Aidez-nous à l'attraper!», la princesse Émilie s'enfuit, plus vite qu'une souris. Elle court, elle court. La voilà dans la salle de bal.

Car rien ne peut arrêter une princesse qui ne veut pas se coucher. Ni les chandeliers encombrants. Ni les parquets trop glissants. Ni les robes à volants.

Et tandis que le chevalier, le roi et la reine la suivent en poussant de grands cris: «Aidez-nous à l'attraper!», la princesse Émilie s'enfuit, plus vite qu'une souris. Et la voilà qui monte, qui monte… jusqu'à la plus haute tour du château.

C'est alors seulement qu'elle s'endort paisiblement. Car rien ne peut tenir éveillé une princesse vraiment fatiguée. Ni le ciel étoilé, ni les grands oiseaux et leur nichée. Ni la fraîcheur de la nuit, ni les chauves-souris.

Au lit, princesse Émilie!, Pierrette Dubé, coll. Le Raton Laveur, © Modulo Jeunesse, 1999.

Le bossu de l'île d'Orléans

JADIS, il y avait à l'île d'Orléans
un violoniste nommé François Gosselin.
C'était un brave et beau garçon,
toujours prêt à rendre service, mais
malheureusement bossu. Un soir,
durant toute une fête, il fit danser
les invités avec la musique
de son violon. À la suite
de cette soirée, sur le chemin
du retour, épuisé, il s'endormit
à la belle étoile…

Soudain, il fut réveillé par un bruit étrange, comme si une troupe de soldats eût traversé le chemin auprès duquel il se trouvait.

— Bigre ! s'écria-t-il, frissonnant et peu rassuré ; j'ai dormi plus longtemps que je ne croyais… Plus de minuit déjà ! L'heure des sorciers et des lutins… Je suis bien capable de me fourrer dans leurs pattes !

Et voilà qu'au clair de lune, il aperçut une foule de lutins qui chantaient et dansaient joyeusement en ronde.

À peine eut-il fait deux pas que les lutins l'aperçurent.
Ils coururent vers lui pour lui barrer la route.

— Bonne affaire, dit l'un d'eux ; nous allons pouvoir danser en musique… Hé ! l'homme, tire ton crincrin de ton étui et accompagne-nous dans notre chanson… la connais-tu ?

François avait retrouvé toute son audace et avec elle sa bonne humeur.

— Si je la connais ? répondit-il, n'est-ce pas mon métier de les connaître toutes ?

— Eh bien ! alors, va. Tu joueras, tu chanteras et même tu danseras pour nous tenir compagnie.

— Avec plaisir, ça me réchauffera.

— Et si nous sommes contents de toi, je te promets que tu auras une récompense, dit le plus grand des lutins.

Complètement rassuré par la cordialité de l'accueil et émoustillé par l'appât de cette récompense, François, du geste, de la voix et de son instrument, guida la ronde des lutins.

Il se trémoussait, faisait sauter sa bosse et si, parfois, dans son déhanchement, les notes n'étaient pas toujours très justes, du moins gardait-il toujours la mesure.

On aurait juré, cette nuit-là, qu'il était le roi des lutins.

Heureusement, le petit jour cligna de l'œil. Le grand lutin qui s'était adressé à François donna le signal d'arrêter la musique. Puis, se tournant vers le violoneux, il lui dit:

— Maintenant, mon ami, que veux-tu pour ta récompense? Fortune ou beauté?

François réfléchit un moment. Il aurait pu demander de l'argent, mais il était de goût modeste et il gagnait bien sa vie. En revanche, il portait sur le dos quelque chose qui le gênait et l'empêchait de prendre femme à sa convenance. Sans doute, une jeune et jolie paysanne de Saint-Jean, Perrine, dont il rêvait, lui marquait beaucoup d'amitié. Mais quant à l'épouser, eh bien ça c'était une autre histoire!

«Ah! François, lui disait-elle, quel dommage que tu ne sois pas droit!»

La pensée de Perrine le décida:

— Voyez, répondit-il en touchant le haut de sa bosse; si vous pouviez m'enlever ce paquet, ma foi! je serais le plus heureux des hommes.

— Nous le pouvons. C'est fait. Adieu et regagne sagement ta maison.

— Ah! merci, merci à vous, monsieur le lutin… vous êtes bien honnête.

Il en eut dit plus long, mais tous les lutins étaient déjà partis, évanouis comme fumée par grand vent. Et, à l'horizon, le soleil montait en maître.

C'est ainsi que la bosse de François disparut.

Un grand auteur du Québec a longtemps vécu à l'île d'Orléans. Il a fait connaître cette île dans ses chansons et dans sa poésie. Il s'agit de Félix Leclerc. L'un de ses poèmes est présenté à la page 140 du dossier.

Pikolo

Première partie

Un jour, Oncle Roger est arrivé chez Pikolo avec une grosse boîte.

— Bonjour Pikolo, j'ai une surprise pour toi. Aide-moi à l'ouvrir pendant que je te raconte ce qui m'est arrivé… Un soir d'orage, le plus vieil arbre de ma forêt est tombé foudroyé. Le lendemain, je l'ai transporté au moulin pour le faire scier, puis j'ai ramené les plus belles planches. Je les ai varlopées, chantournées, assemblées et collées pour te faire cette locomotive pareille à celle de mon enfance. Amuse-toi bien, Pikolo ! Je te souhaite les plus beaux voyages autour du monde.

Pikolo a passé une journée inoubliable à jouer dans sa loco. Maintenant c'est l'heure de dormir, mais… il n'a pas sommeil. Il se lève et retourne jouer. **BING BANG**, il ajuste le moteur. **CLIC, CLAC**, il vérifie les roues. Il nettoie le phare. «Ça y est ! Ma loco est en ordre !»

VRRR. On dirait que le moteur démarre. Ça bouge ! La locomotive vibre et craque de toutes ses planches ! La locomotive s'ébranle… et accélère en emportant Pikolo dans la garde-robe. L'engin fou roule vers le coin le plus sombre. Le phare s'allume pendant que la locomotive fonce dans le noir. Soudain, l'engin s'embarque sur des rails et roule dans l'espace de la nuit.

Tch Tch T

Deuxième partie

TCHCTCHCTCHCTCHCTCHCTCHCH... Bientôt Pikolo
aperçoit d'autres locomotives qui rejoignent la sienne.

Dans un formidable tintamarre de roues qui freinent et
de moteurs qui ronronnent, les enfants arrivent à la gare
de BoisBrillant. Pikolo a juste le temps d'attraper le plan
qui mène au trésor, et le voilà reparti.

En suivant les flèches, il roule à travers la plus étrange des villes
jamais vues : une ville toute en bois où les souris volantes
s'amusent avec les lions. La ville est si folle qu'il décide de
jouer en chemin. Il entend chanter plein d'enfants qui
reviennent avec leur coffre au trésor.

Pikolo doit se hâter : il a joué longtemps et la nuit s'achève…
Et… il veut absolument ramener son trésor. Pikolo lance son
engin à fond de train. Mais malheur de malheur de triple rail,
sa loco tombe en panne !

Dans un ultime effort pour atteindre le bout du monde, Pikolo
pousse sa loco jusqu'à la dernière côte. Enfin devant lui,
dans toute sa beauté, se dresse l'Arbre aux mille trésors.

Tch

Tch

Sans perdre une seconde, Pikolo court jusqu'à l'Arbre aux mille trésors, grimpe dans l'échelle et retire le dernier coffre, celui qui porte son nom.

«Un petit arbre! Tout en fleurs! Comme je suis content! Je vais le planter dans la forêt d'Oncle Roger, pour remplacer son vieil arbre!» Mais la nuit est presque finie. Comment Pikolo va-t-il revenir?

En regardant autour de lui, il lui vient une idée.

Il attache sa loco à un cheval de bois sauvage et il repart sans tarder.

Ouf! Juste avant le premier rayon du soleil, il passe au triple galop dans sa garde-robe.

Ma chambre, enfin!

Épuisé mais heureux de toute cette aventure, Pikolo s'endort doucement dans l'écho lointain des sabots et des roues.
Il sourit en rêvant qu'il met son trésor en terre dans la grande forêt d'Oncle Roger.

Pikolo: l'arbre aux mille trésors,
texte de Pierre Filion
d'après une idée originale de Gilles Tibo,
Annick Press, 1994.

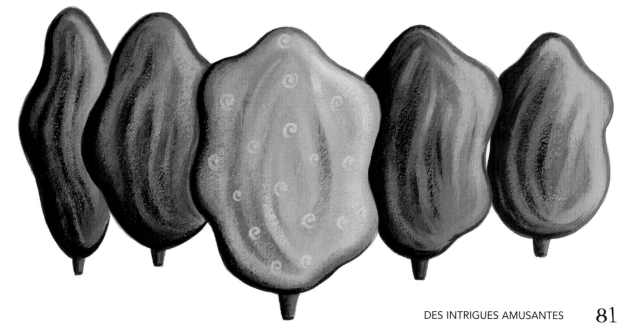

LE VOLEUR DU POISSON D'OR

Un soir de septembre, mon grand-père Norbert a été roi.
Le roi d'un soir. Tout Saint-Ange-des-Monts a fêté ses quarante
ans de métier !

Parents et amis ont envahi le salon de coiffure décoré
de banderoles et de guirlandes.

— Bravo, Norbert ! lançaient les gens. Félicitations !

On lui a offert des cadeaux, des chocolats et des fleurs.
Tout ému, mon grand-père a déclamé un beau discours.

— Je... je voudrais remercier ma femme, Irène, pour ces années
remplies de joie et de cheveux...

La foule a éclaté en acclamations et nous avons pris des photos.
Ensuite, on a mangé des sandwichs et des gâteaux, on a bu
de la limonade. C'était une soirée du tonnerre !

La fête terminée, nous sommes revenus du salon de coiffure. Mes grands-parents nous suivaient.

Peu après, devant la maison, nous nous sommes embrassés.

— Bonne nuit, grand-maman. Bonne nuit, grand-papa.

Chargés de cadeaux, ils ont grimpé l'escalier à petits pas.

Quelques minutes plus tard, alors que je mettais mon pyjama, des cris ont traversé le plafond.

— Au voleur ! Au voleur !

C'était la voix de grand-mère Irène ! Aussitôt, j'ai filé en coup de vent jusqu'en haut.

— Mon poisson d'or ! On a volé mon poisson d'or !

Dans la chambre de mes grands-parents, la boîte à bijoux avait été renversée. Des bagues, des boucles d'oreilles et des colliers étaient éparpillés sur le tapis. À la fenêtre ouverte, les rideaux flottaient au vent.

Grand-papa étudiait le crime en se tripotant le menton.

IL FAUT ENQUÊTER.

— Ça, c'est une histoire pour la police.

Mes parents et ma sœur sont apparus, tout essoufflés, pour réconforter grand-maman qui sanglotait.

— Mon poisson d'or ! Mon beau poisson d'or !

Le poisson d'or était un bijou précieux. Une broche que grand-mère Irène avait reçue de sa propre grand-mère. Un petit poisson tout en or avec des yeux de diamant.

— Un cas classique, remarqua le policier en arrivant. Un type qui vous espionnait a profité de votre absence pour vous cambrioler. Il faut enquêter.

— Comment ferez-vous ? demanda grand-maman. Nos policiers ont les deux pieds dans la même bottine !

Elle a un caractère impossible, ma grand-mère Irène. Le pauvre policier, lui, avait la casquette bien basse.

Le lendemain, chez moi, j'ai appris une autre mauvaise nouvelle. Charbon ne voulait plus sortir de la garde-robe.

— Mon chat est traumatisé, disait grand-maman. Il a été terrorisé par le voleur de bijoux.

Pour en avoir le cœur net, j'ai essayé d'attirer Charbon avec une assiettée de lait.

— Il ne sortira pas de sa cachette, a affirmé ma grand-mère. Il ne veut plus boire ni manger.

Voyant cela, je me suis glissé dans la garde-robe. Sous une montagne de vêtements, j'ai découvert Charbon.

— Salut, minou. Que fais-tu là, couché dans un chapeau ?

Le pauvre Charbon avait la langue pendante et toute séchée. Il était mou et faible, avec les yeux fiévreux et le ventre enflé.

— Il n'est pas effrayé, ton chat, grand-maman. Il est malade.

Quand j'ai soulevé Charbon, j'ai tout compris en un éclair.

— Allons chez le vétérinaire ! Vous n'en croirez pas vos yeux !

Une heure plus tard, le vétérinaire nous montrait la radiographie de Charbon. Au milieu du squelette du chat, quelque part dans l'estomac, on voyait… un petit poisson !

Ainsi, c'est le chat qui avait renversé la boîte à bijoux. Ensuite, il avait avalé le poisson d'or. J'avais découvert la vérité.

Le voleur du poisson d'or, Sylvain Trudel, Montréal, Les éditions de la courte échelle, 2001, p. 45-52 et 56-59.

IL EST MALADE.

LA VÉRITÉ.

Une découverte extraordinaire

En cette année 11023,

Yim et Zurg sont les meilleurs spécialistes de l'histoire des hommes anciens. Depuis plusieurs jours déjà, leurs appareils ont détecté une immense grotte sous leurs pieds. Tout à coup, Yim découvre un passage au milieu des rochers...

Les deux savants se glissent à l'intérieur de la grotte. La paroi porte des restes d'inscriptions.

— Fantastique ! À ton avis, c'est de quelle époque ? demande Yim à Zurg.

Zurg braque alors son analyseur temporel :

— L'appareil indique plus de 9 000 ans : c'est extraordinaire ! On ne sait encore rien de la vie des hommes de cette époque...

À côté des inscriptions, un grand coffre transparent contient des objets cylindriques.

MOMO EST UN GRO...

— Je ne sais pas ce que c'est.
Je vais essayer d'en attraper un,
dit Yim en tripatouillant le coffre.

Tout à coup, un objet en sort
en roulant dans un grand bruit.
Yim le tourne dans tous les sens puis il finit
par l'ouvrir. Il contient un liquide avec des bulles.

— D'après mon analyseur de molécules, c'est un sacré
mélange ! Peut-être était-ce du carburant pour leurs
machines primitives ? se demande Yim. Tu as vu, il y a
encore des signes sur les parois :

M-O-M-O-E-S-T-U-N-G-R-O-S-I-M-B-E-C.

C'était peut-être des textes sacrés ?

— Regarde ça ! hurle Zurg.

Zurg montre un objet large et plat, avec
une ouverture à un bout. Il est à moitié
prisonnier d'un dépôt de roche transparente.
Yim réfléchit :

— Ça ressemble à quelque chose qu'on pourrait enfiler...
Je me demande si ce n'est pas une « chaussure », tu sais,
ces trucs qu'ils mettaient pour marcher.

— Incroyable ! Ça prouve que les hommes primitifs étaient tout
petits et qu'ils avaient des pieds gigantesques, s'exclame Zurg.

La galerie débouche dans une salle immense. Au centre, ils découvrent une grande arène rectangulaire, profonde de trois mètres et couverte de mosaïque bleue. Autour, des gradins. L'arène est surplombée par une sorte de grand monument.

— C'est un temple ! Ici, les prêtres de l'époque devaient pratiquer des cérémonies. Et ce monument devait bien servir à quelque chose…

— Peut-être à faire des sacrifices ? suggère Zurg. Regarde, il y a des marches pour atteindre le sommet. Peut-être qu'ils précipitaient des animaux ou des prisonniers de là-haut ? Quelle bande de sauvages !

Yim branche son communicateur de poignet :

— Allô ! Allô ! Ici l'équipe de recherche du passé XB203. Nous venons de découvrir un temple fantastique, très bien conservé, datant environ de l'an 2000. Est-ce qu'un spécialiste des langages anciens saurait nous traduire : «M-O-M-O-E-S-T-U-N-G-R-O-S-I-M-B-E-C» ?

«Une découverte extraordinaire»,
texte de Bertrand Fichou,
© *Astrapi*, Bayard Jeunesse, 2000.

89

MARiLOU POLAiRE CRiE AU LOUP

Marilou s'ennuie…
Elle téléphone à son ami Boris Pataud.

Quatre drings plus tard, Boris Pataud décroche.

— Marilou ?

— C'est une question de vie ou de mort, Boris !

— De vie ou de mort ?

Le garçon sourit. Il a l'habitude des exagérations de son amie.

— Tu es en train de mourir ?

— Pas moi, idiot. Le chien ! ajoute la petite fille en se lamentant pour faire plus vrai.

Aussitôt, les sens de Boris s'éveillent. Il suffit de prononcer le nom d'un animal pour que ses oreilles se dressent comme des antennes.

— Quel chien ?

— Celui qui veut entrer chez moi. Il semble égaré, abandonné, affamé.

— Fais-le entrer, Marilou.

— Je ne peux pas. C'est un grand chien gris. Il a des oreilles pointues, un museau effilé, une longue queue. Et il me montre ses dents. Des dents… oh ! ses dents ! s'écrie Marilou.

Boris est ébranlé.

— On croirait un loup, balbutie-t-il.

Marilou se mord les lèvres pour ne pas rire. Elle plaque sa main contre le récepteur et fait quelques hi ! hi ! hi ! avant de reprendre la conversation.

— Un loup ! s'écrie-t-elle en éloignant le récepteur de son oreille.

— J'arrive. N'ouvre pas.

— Si tu voyais ses dents ! Des couteaux !

Il n'en faut pas plus. Boris croit vraiment qu'un loup égaré rôde autour de la maison des Polaire.

Trois minutes plus tard, Marilou le voit apparaître devant la fenêtre.

Le garçon est drôle, mais drôle.

Il porte un casque d'explorateur. Il brandit une chaise de dompteur de bêtes féroces et un immense morceau de viande. C'est bien connu que les loups ont une faim de… loups.

En ouvrant la fenêtre, Marilou se tient les côtes. Boris lui fait signe de garder le silence. En marchant à pas de loup, il fait le tour de la maison. Il a l'air tellement sérieux que l'espiègle éclate de rire.

Tellement que Boris croit qu'elle pleure.

— Calme-toi, chuchote-t-il. Je vais te secourir. Il est où, ton loup ?

La petite fille ne peut plus se contenir :

— Hou… ou… ou… hurle-t-elle, avant de se tordre de rire.

Boris reste éberlué.

— Il est parti quand il t'a vu apparaître en hurluberlu !

Le garçon se redresse. Il comprend que Marilou l'a bien eu. Et ça ne lui fait pas plaisir.

— Je ne te trouve pas drôle. Avant que tu me revoies, il va pleuvoir des prunes.

— Tu veux dire que tu ne viendras plus jouer ici ?

— Jamais. Tu viens de perdre un ami. Voilà ce qui arrive à ceux qui crient au loup.

— Je n'ai pas crié au loup. J'ai crié au chien égaré.

Mais le faux dompteur est déjà loin.

Marilou Polaire crie au loup, Raymond Plante, Montréal, Les éditions de la courte échelle, 2000, p. 15-22.

Marilou Polaire est le personnage principal d'une série de petits romans que tu trouveras dans presque toutes les bibliothèques. N'hésite pas à en emprunter un lors de ta prochaine visite. Plaisir garanti !

La Perle du dragon

ON M'A VOLÉ MA PLANCHE À ROULETTES !

— On m'a volé ma planche à roulettes !
s'écrie Zohra en poussant la porte
de la cuisine.

Elle se précipite dans la cour où ses
amies l'attendent, leur planche sous
le bras. Les quatre élèves de la classe
de Monique sont inséparables. Elles
forment un groupe coloré et turbulent.
Les autres élèves de la classe les ont
surnommées *les Nations-Unies*. Les
parents de Marie-Célie, M. et Mme André,
sont Haïtiens, ceux de Zohra Sbaï,
Marocains. Les parents de Miyako
ont immigré du Japon lorsque leur fille
avait deux mois. Il n'y a que Juliette
Marchand dont les parents et
les grands-parents soient nés ici.

Zohra sent les larmes lui piquer les yeux.

— Je ne pourrai pas venir jouer avec
vous aujourd'hui, gémit-elle.

— Pas question que tu restes toute seule,
tranche Juliette.

La mine basse, les quatre filles s'assoient
sur les marches du balcon. La journée
risque d'être gâchée par le vol.

— Ma planche n'était pas neuve,
se lamente Zohra, mais au moins elle me
permettait de m'amuser. Qu'est-ce que
je vais faire ? Mon père va me disputer.

— Nous allons la retrouver, déclare Marie-Célie. Cherchons des pièces à conviction !

Elle s'éloigne du groupe pour scruter à la loupe le moindre brin d'herbe de la cour de la famille Sbaï. Ne trouvant rien, elle pousse la porte en bois qui mène à la ruelle.

— Voici un indice ! crie-t-elle.

Intriguées par la découverte de Marie-Célie, les autres se précipitent vers elle.

— Qu'as-tu trouvé ? lui demande Juliette.

— Ceci…

Une lueur de triomphe dans les yeux, Marie-Célie tend le carton d'allumettes rouge qu'elle vient de ramasser près de la porte.

— Le voleur l'a sûrement laissé tomber dans sa fuite, dit-elle.

— *La Perle du dragon*… lit Miyako. Je connais. C'est un resto chinois à cinq rues d'ici.

— Il faut y aller.

Au moment où les quatre jeunes filles investissent la ruelle, une silhouette apparaît à l'angle de la rue.

— C'est lui ! s'écrie Marie-Célie en s'élançant vers le voleur. Il a ta planche sous le bras !

La bande à ses trousses, l'homme vêtu de noir de la tête aux pieds détale comme un lapin. Commence alors une poursuite à travers les rues et les ruelles du quartier.

— Étrange, constate Miyako, on dirait qu'il nous conduit tout droit à *La Perle du dragon* !

Le mystérieux voleur s'engage dans la ruelle qui donne juste derrière le restaurant chinois. Une porte de métal grise est entrouverte. Sans hésiter, l'homme se faufile par l'ouverture et disparaît à l'intérieur.

— Suivons-le, dit Juliette en entraînant le groupe.

C'EST LUI !

Au moment où les amies pénètrent dans le restaurant, elles sont accueillies par un tonnerre d'applaudissements et de cris joyeux :

— Bon anniversaire, Zohra !
Bon anniversaire, Zohra !

Carmen Marois

Les textes de Carmen Marois te font sourire ? Elle en a écrit beaucoup d'autres ! Consulte la rubrique *Ils ont écrit pour toi !* pour connaître des livres qu'elle a écrits et que tu pourrais emprunter à la bibliothèque.

Portrait-robot

Je suis assis, seul, sur un banc, tout près du magasin avec un grand «M» en rouge, au-dessus de l'entrée. C'est là que j'ai vu mes parents pour la dernière fois. Ils semblaient intéressés par une souffleuse à neige. En fait, mon père essayait de convaincre ma mère de l'utilité et de la nécessité d'un tel engin à la maison. Il travaillait encore plus fort que le vendeur à ses côtés.

Pendant qu'ils discutaient ferme, j'ai aperçu mon ami Alex. Je suis allé le voir quelques instants, à peine dix petites minutes. Quand je suis retourné devant le magasin avec le grand «M», mes parents n'y étaient plus. Où étaient-ils passés ?

C'est un peu à cause de moi. J'aurais dû les avertir de ne pas bouger de l'endroit où ils étaient, que je pourrais ainsi les retrouver plus facilement.

J'imagine mes parents, dans le coin d'un magasin, en train de pleurer, tout seuls.

Il n'y a même pas d'affiche Enfants-Secours. S'il y en avait, ils pourraient tomber sur quelqu'un d'aimable et de charitable pour les aider !

Pourvu qu'ils ne parlent pas à des étrangers. Je les connais mes parents : ils sont naïfs. Ils font confiance à tout le monde. Il suffit qu'un enfant s'approche pour qu'ils s'adressent à lui immédiatement ! Ma mère est terrible sur ce sujet, encore pire que mon père. Non mais…

La meilleure solution, ce serait d'aller voir la dame, au kiosque central.

Le cœur vibrant d'espoir, je me rends au kiosque. Comme partout ailleurs, c'est l'éternelle file d'attente.

C'est à moi.

— Qu'est-ce que je peux faire pour toi, mon grand ?

— Mes parents se sont perdus dans le centre commercial et j'aimerais bien les retrouver. Ma mère sent très bon et mon père a une barbe qui pique, mais je l'aime quand même. Il se promène peut-être avec une pelle sous le bras.

— Quel est ton nom ?

— Timothée Tremblay.

— Ah, je crois qu'ils seront heureux de t'entendre.

— Pourriez-vous les appeler par leur prénom, Annie et Nicolas ? Tout d'un coup qu'il y aurait un autre Timothée Tremblay à la recherche de ses parents.

Je vois à son sourire que ça ne la dérange pas du tout.

«Annie et Nicolas Tremblay, les parents de Timothée, sont demandés au kiosque…»

Soudain, on prononce mon prénom derrière moi…
C'est la voix de ma mère et celle de mon père. Ils ont l'air content que je les retrouve.

Ma mère m'embrasse et me serre dans ses bras; ça me fait chaud au cœur. Elle sent tellement bon ! Mon père me serre aussi, mais ça pique, à cause de sa barbe. Ce n'est pas grave, je l'aime quand même.

Je les tiens par la main. Je ne les lâcherai plus, s'il fallait qu'ils se perdent de nouveau.

Où sont mes parents ?, Alain M. Bergeron, Saint-Laurent, Éditions Pierre Tisseyre, 1999, p. 15-19, 25-28, 44-47, 53, 54.

Noémie

Les souliers magiques

Aujourd'hui, Noémie a tellement d'énergie qu'elle a de la difficulté à rester immobile plus de deux secondes. Heureusement pour elle, ses amies Géraldine et Mélinda en ont autant !

Toutes les trois, Mélinda, Géraldine et moi, nous nous plaçons en position de départ sur le perron de l'école. C'est Géraldine qui fait le décompte :

— Vous êtes prêtes, les filles ? La première rendue au dépanneur est la championne…

— CINQ… QUATRE… TROIS… DEUX… UN… PARTEZ ! crie Mélinda.

Nous prenons toutes les trois la poudre d'escampette. Ça veut dire que nous courons le plus rapidement possible.

Rendues au coin de la rue, nous tournons à droite. Moi, je fais exprès pour courir derrière les autres. C'est une tactique que j'ai déjà vue dans un film. Il s'agit de courir un peu en retrait et d'attendre que les autres s'essoufflent. En même temps, on regarde leur style et on leur emprunte des trucs. Mais là, il n'y a aucun style et aucun truc à emprunter. Géraldine court comme un canard en levant les genoux et en lançant ses pieds de chaque côté. Mélinda court comme un kangourou, en sautant trop haut, comme si elle voulait courir dans les airs.

Je suis certaine de gagner cette course. Je regarde mes amies s'essouffler et j'attends le moment stratégique pour attaquer.

Ça y est… J'accélère. En dépassant mes amies, je leur jette un coup d'œil. Elles sont rouges comme des tomates. Elles respirent tellement vite qu'elles vont sûrement exploser !

J'ai une crampe à l'estomac, mais je ne le montre pas. J'essaie de respirer le plus profondément possible, mais la crampe grossit, grossit, grossit. Si ça continue comme ça, je vais m'écrouler sur le trottoir.

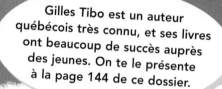

Gilles Tibo est un auteur québécois très connu, et ses livres ont beaucoup de succès auprès des jeunes. On te le présente à la page 144 de ce dossier.

Soudain, j'aperçois le dépanneur au coin de la rue. Je sens le parfum de la victoire me chatouiller les narines. Je reçois une décharge de dynamite dans le sang. J'accélère en fermant les paupières. Je deviens une championne. Mes vieux souliers de sport se transforment en beaux souliers hyperperformants. Les maisons disparaissent pour devenir un stade olympique. Le trottoir se transforme en piste de course. Les passants se multiplient et remplissent les gradins. Les caméras de télévision envoient mon image partout sur la planète. Les ovations et les applaudissements me soulèvent de terre. J'entends mon nom répété mille fois : NOÉMIE ! NOÉMIE ! NOÉMIE ! J'imagine déjà les médailles d'or accrochées à mon cou. J'ouvre les yeux. Le dépanneur n'est plus qu'à quelques mètres.

J'arrive la première devant la porte du dépanneur. Je lève les bras en signe de victoire et je m'arrête en haletant. Mon cœur résonne entre mes tempes et jusqu'au bout de mes orteils.

Je m'assois sur les marches du dépanneur et, encore tout essoufflée, je regarde mes amies en disant fièrement :

— Mesdames et messieurs... Je suis la championne du monde !

Noémie – Les Souliers magiques,
Gilles Tibo, Les Éditions Québec Amérique, 2001.

Le petit pont

— Ôte-toi de mon chemin ! s'écrie Jules. Laisse-moi passer. Je dois me rendre chez mon oncle au plus vite.

— Pousse-toi, gronde Jim. Dégage ce pont. Moi, j'ai un train à prendre.

Jules et Jim se retrouvent de chaque côté du pont, et ce pont est trop étroit pour laisser passer deux personnes à la fois.

— Écarte-toi ! hurle Jim. Tu passeras après moi.

— Jamais de la vie, rétorque Jules ! C'est toi qui passeras après moi.

Jules et Jim se regardent fixement, le visage rouge de colère.

— J'appelle mon frère Paul, dit Jules. Il habite au coin
de la rue… Paul ! Paul ! Peux-tu aller me chercher une chaise ?
demande Jules.

Paul obéit sans poser de question.

— Voilà ! annonce Jules en s'asseyant sur la chaise devant
le pont. Je ne me lèverai pas tant que tu seras là.

— Eh bien moi, je vais appeler ma sœur Rose, annonce Jim.
Elle habite à côté… Rose ! Rose ! Veux-tu aller me chercher
un tabouret ? réclame Jim.

Rose s'empresse de faire ce que lui demande son frère.

— Et toc ! fait Jim en s'asseyant devant le pont lui aussi.
Moi non plus, je ne me lèverai pas.

Cela fait plus d'une heure que Jules et Jim tiennent leurs
positions. Furieux, Jules reste assis sur sa chaise.

— Je ne partirai pas, grogne-t-il.

— Moi, je ne bougerai pas d'un pouce, rétorque Jim sur son
tabouret.

— Paul ! Paul ! crie à nouveau Jules. Va me chercher une grille.
Je vais la poser à l'entrée du pont.

Jim appelle aussitôt sa sœur.

— Rose ! Rose ! apporte-moi une grille.

— D'accord, soupire Rose.

Après la grille, Jules construit un mur avec des pierres.
Puis, c'est au tour de Jim de faire une barricade avec du sable
et des planches.

Le soleil est maintenant couché. Jules et Jim sont toujours là.

— Paul! s'écrit Jules. Je suis fatigué. Pourrais-tu m'apporter un lit?

— Bon! soupire Paul. Mais c'est la dernière fois que je me déplace. Moi aussi, j'ai envie de dormir.

— Rose! crie Jim à son tour. J'ai mal partout. Veux-tu m'apporter une tente pour que je m'allonge?

— D'accord, répond Rose. Mais après, c'est terminé! Je vais me coucher.

Sur son lit, Jules n'arrive pas à dormir.

— Paul! appelle-t-il.

Cette fois, Paul ne se montre pas:

— Quoi encore! vocifère-t-il de loin. Laisse-moi tranquille! Retourne donc chez toi.

— Je ne peux pas rentrer, réplique Jules. J'attends que Jim me laisse passer pour que j'aille… euh!… pour que j'aille… Tiens! Où devais-je donc aller?

Jules réfléchit, mais il ne se souvient pas.

Jim est assis à l'entrée de sa tente. Lui non plus n'arrive pas à fermer l'œil. Il appelle sa sœur:

— Rose! Rose!

— Cela suffit! crie Rose. Fiche-moi la paix et rentre chez toi.

— Je ne rentrerai que lorsque Jules m'aura laissé traverser pour… pour… Pour quoi faire au juste?

Jim a complètement oublié où il devait se rendre. Il regarde tout autour de lui.

— Qu'est-ce que je fais ici? se demande-t-il.

— Tu l'as dit, ajoute Jules. Que faisons-nous devant ce pont? Je ne me souviens pas non plus pourquoi je suis ici.

Jules descend de son lit:

— Je rentre chez moi.

Jim sort de sa tente:

— Moi aussi, je retourne à la maison.

Jules et Jim se regardent.

— J'ai vraiment été idiot, admet Jules.

— C'est moi qui suis stupide de ne pas t'avoir laissé passer, reconnaît Jim.

— Tu n'es pas fâché? s'inquiète Jules.

— Mais non, répond Jim. Toi non plus, j'espère?

— Tu sais, avoue Jules, je me souviens que tu avais un train à prendre.

— Tu as raison! confirme Jim. D'ailleurs, il faut que je parte sans plus attendre. Au fait, je me rappelle également que tu allais chez ton oncle.

— C'est ça! s'écrie Jules. Je dois y aller, car il m'attend.

— Puisque tu es pressé, passe le premier, propose Jim.

— Non, va prendre ton train! dit Jules. Je passerai après toi.

— Non, non, traverse d'abord, insiste Jim.

— Tu es gentil, mais je n'en ferai rien, réplique Jules.

— Allez, traverse! insiste Jim.

— Non, non! Après toi, dit Jules.

— Vas-y, je t'en prie!

— Après toi, je n'en ferai rien!

— Vas-y, mon vieux!

— Après toi, mon vieil ami!

Le petit pont, Rindert Kromhout,
Les Éditions de l'Élan vert, 1998.

Berthold
ET
Lucrèce

Le soir, très tard, Berthold fait le tour du jardin.
Il ramasse tout ce que Lucrèce y a laissé durant la journée.
La lune est claire, tellement qu'on y voit
comme en plein jour. Les ombres
des arbres se découpent, précises,
sur le sol. On entend les criquets.

Berthold enfouit dans sa poche
le livre de Lucrèce, les lunettes
de Lucrèce, le bracelet de Lucrèce,
les papiers de chocolat de Lucrèce,
le crayon de Lucrèce.

Berthold passerait bien
la nuit au jardin. Quand l'air
est tendre, quand c'est presque
le silence et qu'il fait presque
noir, il sent son cœur battre
tout doucement comme
une horloge qui marquerait
le vrai temps.

Aaaaaaaaaaah !

Tout à coup, un cri terrible fait bondir son cœur si calme.

Puis un autre cri suit le premier sans attendre.

— Aaaaaaaaaah !

— Lucrèce ! crie Berthold en courant vers la maison. Lucrèce, où es-tu ?

Berthold la croyait endormie.

— J'arrive, Lucrèce, j'arrive ! crie Berthold en marchant le plus vite qu'il peut.

L'escalier le fatigue. Va-t-il se rendre assez vite auprès de Lucrèce ? Qu'est-ce qui s'est passé ? Et si elle était tombée en bas du lit ? Si elle s'était frappé la tête ? Qu'est-ce qui peut arriver à quelqu'un qui dort ?

— Lucrèce ! Ma Lucrèce !

— Enfin, te voilà ! dit Lucrèce, cachée sous l'édredon.

— C'est toi qui as crié ? demande Berthold à bout de souffle.

— Bien sûr que c'est moi ! répond Lucrèce.

— Tu as mal ? Tu t'es fait mal ? Qu'est-ce qui se passe ?

Le chat !

— Le chat !

— Quoi, le chat ? Il t'a mordue ?

— Mais non, il dort. Tu vois bien !
Il est là, à ta place. Et parle
moins fort, tu vas le réveiller.

Berthold voit bien le chat
qui dort à sa place.

— Mais le cri, Lucrèce ! Pourquoi
as-tu crié aussi fort ? Et deux fois !

— Parce qu'on a oublié le nom du chat !
On a oublié de trouver un nom pour le chat,
tu te rends compte ? Berthold, sors le dictionnaire, s'il te plaît.

— Il est trop tard, Lucrèce.

— Alors il s'appellera Eugène, c'est décidé, affirme Lucrèce
d'un ton un peu sec.

Berthold regarde Lucrèce sans comprendre.

— Pourquoi s'appellerait-il Eugène ?

— Parce qu'il est assez tard et qu'il faut bien décider quelque
chose.

Lucrèce regarde tendrement le chat, lui sourit et fait un clin
d'œil à Berthold.

— Bonne nuit, dit-elle. Et fais bien attention de ne pas
le réveiller en te couchant.

— Bonne nuit, Lucrèce, dit Berthold, étonné.

Berthold et Lucrèce, Christiane Duchesne,
Les Éditions Québec Amérique, 1994.

D'autres textes
de ce dossier mettent
en vedette des chats. Cela
t'intéresse ? Alors, va lire
Le chat botté à la page 64
ou Tous les chats...
à la page 137.

ZZZ...

LES COURS DU MARDI

Julien va s'inscrire au cours de natation. On ne peut pas dire que ça l'intéresse beaucoup…

Le vent nous glace les yeux jusqu'au fond des orbites. Il nous gèle les muscles jusqu'aux os. Nous marchons plus raides que des robots. Ce qui n'empêche pas ma mère de s'énerver :

— Avance plus vite, Julien, il ne restera plus de place !

Elle dit juste ce qu'il faut pour me faire ralentir davantage. Je marmonne :

— Se baigner en janvier, je trouve ça débile.

— « Se baigner » et apprendre à nager, ce n'est pas pareil, me reprend-elle aussitôt.

— Je sais nager. J'ai nagé, cet été, au lac.

— Voilà pourquoi je t'inscris au niveau 3. Tu vas suivre des cours pendant quelques années. Après quoi, tu deviendras sauveteur. Comme Émilie !

Cette fois, je m'arrête net, les pieds calés dans la neige.
Tant pis si elle m'arrache le bras. Je m'écrie :

— Suivre des cours pendant des années, jamais ! Je n'ai pas
promis ça. Je ne veux pas devenir sauveteur.

À entendre ma mère parler, je la remercierai quand je serai
un adolescent. Je serai bien content d'avoir un bel emploi
d'été, comme celui de ma cousine Émilie. Pas fatigant du tout.
Je serai confortablement installé sur une chaise haute.
Je n'aurai qu'à veiller sur les pauvres gens qui ne nagent pas
aussi bien que moi. Au pied de mon trône, plein de filles
me dévoreront des yeux.
Elles se battront pour être
ma blonde !

Ma mère pense-t-elle me convaincre avec ça ? Des filles,
à l'école, il y en a déjà trop. Imaginer qu'elles voudraient
toutes être mes blondes me donne des frissons d'horreur !
Les filles me tapent sur les nerfs. Elles passent leur temps à rire
par en dessous, en regardant les autres avec des petits yeux.
Si je le pouvais, je les changerais en gars… En gars comme
je les aime… Comme moi, disons…

Puis zut ! Il y aurait trop de garçons pour la seule fille qui
resterait. Bien oui. Je ne serais pas assez fou pour transformer
Gabrielle Labrie. Elle est parfaite ! La plus belle. La plus
gentille, aussi ; ça, j'en suis sûr. Presque sûr. Je ne lui ai jamais
parlé. Elle n'est pas dans ma classe.

Ma mère ouvre la porte du centre sportif. Elle la tient pour moi. Mais comme je n'ai pas oublié ses cours de politesse, je laisse d'abord passer une autre mère et son enfant. Maman est furieuse quand elle les voit s'ajouter à la file des candidats.

Il y a quatre enfants devant moi pour le «niveau 3, de 8 à 10 ans». Maman piétine. Ça lui donne sans doute l'illusion d'avancer. Elle murmure dans son écharpe :

— Pourvu qu'il reste de la place !

Soudain, la première fille qui est en file se retourne et mon cœur bondit. Bang ! dans les côtes ! C'est Gabrielle ! Tout se bouscule dans ma cervelle. Avec ma belle, je me baignerais au pôle Nord. Et voilà qu'on m'offre cette chance à la piscine municipale. J'ai le goût de mordre l'enfant que j'ai laissé passer. Je me mets à piétiner plus nerveusement que maman.

— Pourvu qu'il reste de la place ! murmurons-nous à l'unisson.

J'ai eu la dernière place. De justesse. Je commence mardi prochain, après la classe, et je flotte déjà. Je vais me retrouver avec Gabrielle.

Je vais me retrouver avec Gabrielle !

Le démon du mardi, Danielle Simard,
Soulières éditeur, 2000, p. 8-18.

DU bout des doigts le bout du monde

— Parle-moi de moi, maman. Dis-moi ce que je faisais bébé !

— Tu aimais le vent qui entrait par la fenêtre pour caresser tes cheveux. On jouait à cache-cache, et tu savais me trouver, peu importe où j'étais dans l'appartement, en te traînant à quatre pattes. Mon parfum, tu le reconnaissais sans erreur ! Tu entendais tous les sons, du chat miaulant dans la cour aux cloches de l'église du village voisin.

— J'avais des jouets préférés ?

— Toute petite, tu ne réagissais pas à ce qu'on te montrait : des mobiles accrochés dans tous les coins de ta chambre, de jolies poupées aux joues rouges et aux cheveux blonds, des marionnettes multicolores… Tu ne voyais rien de drôle là-dedans !

— Qu'est-ce que j'aimais alors ?

— Ce qui te gonflait les joues de sourires était spécial. Ces choses devaient faire du bruit. Comme les gros coquillages ramenés par ton père des récifs de la Malaisie que tu collais sur tes oreilles pour entendre la mer. Ou bien, elles devaient être moelleuses et chaudes. Comme un gros chandail en laine provenant de l'Équateur. Ou encore sentir bon. Comme un bouquet de fleurs de lavande séchées cueilli en Provence par ton père.

Les souvenirs affluent. Maïa se revoit à quatre
ou cinq ans:

— Maman, tu te souviens du soir où Bernard, mon
petit cousin, est venu nous rendre visite à la maison
avec oncle Maurice? Ce fameux soir, Bernard
n'arrêtait pas de pleurer dans ma chambre.

— Tu te rappelles pourquoi il pleurait, le petit
Bernard?

— Oui... Vous m'aviez dit de jouer avec lui. Il n'avait
que deux ans, alors il fallait l'amuser. J'ai voulu lui
montrer mes jouets. Dès qu'il est entré dans ma
chambre et que j'ai fermé la porte, il s'est mis
à pleurer. J'essayais de le calmer, mais il criait si fort!

— Alors, comme une grande, tu as vérifié sa
couche... Non, ce n'était pas mouillé. Sa suce?
Non, il ne la voulait pas. Avait-il faim? Pas du tout,
il venait tout juste de manger...

— Et j'ai enfin compris pourquoi Bernard pleurait...
Tu es entrée dans ma chambre, maman, pour me
demander ce qui se passait... Et tu as dit en riant:
«Mais pourquoi jouez-vous dans le noir?»

Maïa n'a pas besoin de lumière. Jamais! Elle oublie
parfois que les autres en ont besoin. De nombreux
enfants, et même certains adultes, ont peur de
se trouver dans l'obscurité. Ceux qui vivent sans voir
ne sont pas effrayés quand ils n'y voient rien. Ils sont
habitués de vivre comme si c'était toujours la nuit.

Du bout des doigts le bout du monde, Nathalie Loignon,
illustrations de Sophie Casson,
Dominique et compagnie, 2001.

Sophie Casson,
l'illustratrice de ce texte, cré
des illustrations pour des magazi
des romans jeunesse et des livres sc
Elle utilise de la gouache et de l'e
Elle adore son métier d'illustratrice,
permet de travailler dans son ate
à la maison, en pantoufles! Cons

Un tout petit toutou

Mon frère Jérémie et moi, on voulait un chien. Pour convaincre les parents, on avait pleuré, crié, supplié, et même mis la table sans qu'ils nous le demandent. Mais toujours sans résultat…

Puis un soir, papa et maman nous ont convoqués dans le salon.

— Votre mère et moi avons cru comprendre que vous aimeriez avoir un…

Papa n'a pas pu finir sa phrase.

— OUAIIIIIIS ! UN CHIEN ! UN CHIEN ! SUPER ! MERCI PAPA ! MERCI MAMAN !

Il leur a fallu un quart d'heure avant de reprendre le contrôle de la situation. Mon père a précisé en hurlant par-dessus le vacarme :

— Nous sommes d'accord à condition que ce soit un PETIT chien. C'est entendu ?

On a répondu en chœur :

— OUAIIIIIIS ! UN CHIEN ! UN CHIEN !

Le lendemain, nous sommes allés tous les quatre au refuge des chiens abandonnés. Ils étaient tellement mignons que je les aurais bien tous pris. Tout à coup, on s'est arrêtés devant une petite boule de poils avec deux grands yeux noirs. Papa a demandé à la dame du refuge de quelle race était ce joli bébé. La dame avait un rhume terrible. Son nez coulait comme une fontaine. Elle a répondu d'une voix mouillée quelque chose qui ressemblait à :

— Chétin... atchi ! béchéguifonjin... atcha ! dimontali... atchoum !

Elle nous a alors laissés sans autre explication. Personne n'a rien compris, sauf papa qui s'est exclamé, en prenant son air de celui qui sait tout :

— Bien sûr, c'est un basset bichon nain d'Italie. Adulte, il ne sera pas plus gros qu'un caniche.

— On le prend ! a conclu maman.

On l'a appelé Titi.

Et Titi a grandi. Il a atteint la taille d'un petit caniche. Puis il est devenu grand comme deux petits caniches. Lorsque Titi a dépassé la taille de trois gros caniches, papa est devenu vraiment inquiet.

Bref. Quand on a fêté le premier anniversaire de Titi, il était presque aussi haut que papa et pesait quatre fois son poids. Il faisait toujours des galipettes mais chaque fois, il ravageait le salon. Il mordillait toujours les rideaux, ou ce qui en restait. Quant aux crottes sur le tapis du salon... passons.

Quelque chose m'intriguait dans cette histoire...

Alors un jour, je suis allée à la bibliothèque pour feuilleter des livres sur les chiens. Et j'ai trouvé la photo d'un chien qui ressemblait à Titi. C'était son portrait craché. En dessous, la légende ne disait pas «Basset bichon nain d'Italie» mais «Berger griffon géant de Mongolie». Hum! J'avais peut-être mis le doigt sur un début d'explication…

«Un tout petit toutou», texte de Bertrand Fichou,
© *Astrapi*, Bayard Jeunesse, 2001.

LA VENTE DE GARAGE

Chaque dernier samedi de juin,
c'est devenu une tradition chez nous,
mon père fait une vente de garage.

Sur notre parterre, il y a tellement d'objets de toutes sortes qu'on ne voit plus la couleur du gazon.

Je sors pour encourager mon père… et pour attendre mon amie Zita.

— Tu tombes bien, me dit mon père. J'avais justement besoin de toi. Peux-tu me remplacer une petite demi-heure ? Je dois aller faire une course urgente pour maman.

— Maman ne peut pas te remplacer, elle ?

— Stella ! Je te demande un service. Maman est en train d'allaiter Youri.

— D'accord, d'accord. Tiens, voilà déjà Zita qui arrive !

— Tant mieux. Vous ne serez pas trop de deux pour vendre tout ce bazar. À plus tard, les filles !

— C'est ça, à tantôt.

Quelques minutes plus tard, Stella et Zita accueillent leur première cliente. Une vieille dame à la mine plutôt sympathique.

— Bonjour, madame !

— Bonjour, les filles.

— Belle journée, pour une vente de garage, hum ?

— En effet, oui, très belle. Dites-moi, ce vase-là, c'est combien ?

— Ce vase n'est pas un vulgaire vase, dit Stella. C'est un vase de la dynastie Ping.

— Ce ne serait pas plutôt de la dynastie Ming ?

— Non, non, c'est bien Ping et pour être plus précise, c'est de la dynastie Ping-Pong et ça vient directement de Chine. L'empereur s'en servait pour y mettre ses balles d'un jeu de tennis sur table qu'il avait inventé, un mardi, vers dix heures…

— Et c'est combien, redemande la dame en souriant.

— Deux mille dollars.

— Rien que ça !

— Oui, c'est vraiment une aubaine ! Vous devriez en profiter tandis que mon père n'est pas là.

— Et cette lampe torchère, là-bas ?

— Oh ! cette lampe torchère a toute une histoire ! dit Zita. La reine d'Angleterre, elle-même, s'en servait pour lire le soir.

— Et c'est combien ?

— Oh ! pas cher du tout ! Six cents dollars… américains, bien sûr.

— Je suis vraiment désolée, je n'ai pas cette somme sur moi. Mais ces romans me semblent plus abordables. Je ne crois pas que ce soient des pièces de collection, car ils me paraissent assez récents.

— Oui, c'est exact.

— Mon petit-fils Antoine adore la lecture, c'est combien ?

— Ce sont des romans de Robert Soulières. Sa cote de popularité est à la baisse. Alors, je vous les laisse à un dollar… Non, à cinquante sous chacun.

— Je vais prendre les quatre.

— Vous faites une bonne affaire. Et sommeil garanti avant la vingtième page. Ha ! ha ! ha !

— Tiens, voilà ton père qui revient, dit Zita.

— Alors, les filles, le commerce, ça boume !

— Oui, répond Stella, nous avons vendu quatre romans pour deux dollars. Ce n'est pas tellement, mais on a eu beaucoup de plaisir. Tu n'aurais pas une autre course à faire pour maman ?

Robert Soulières

Du soleil en boîte

C'était une vieille fermière qui s'appelait Dame Esméralda.

Chaque automne, elle mettait en conserve des petits pois, des carottes, des tomates, de la compote de pommes, des pêches, des poires, des abricots et même des citrouilles. Quand venait le temps des conserves, elle invitait les enfants du village à une grande corvée. Les enfants passaient la journée à laver et à couper les légumes et les fruits, à les placer dans les boîtes de conserve, et à dessiner les étiquettes pour identifier les boîtes. Le soir, Dame Esméralda leur préparait une grande fête avec festin, musique et feu d'artifice. Les enfants attendaient toujours ce jour-là avec impatience.

Un certain été, le temps était maussade et il ne faisait pas soleil très souvent. Les fruits et les légumes semblaient bien petits et bien pâles, et les fermiers se désolaient.

Dame Esméralda eut alors une idée magnifique. Elle se dit: «Les conserves, c'est fait pour emmagasiner les bonnes choses de l'été. Si je mettais du soleil en conserve, pour les jours sans soleil!»

Dame Esméralda eut alors une idée magnifique.

Aussitôt, elle se mit au travail. Dès qu'un rayon de soleil se faufilait entre les nuages, vite elle l'enfermait dans une boîte qu'elle scellait soigneusement. Elle profita de l'occasion pour mettre en conserve quelques nuages pour les jours trop secs. Au bout de quelques semaines, lorsqu'elle eut aligné sur ses tablettes plusieurs rangées de boîtes de soleil et de boîtes de nuages, elle voulut vérifier si son travail était réussi. Un matin tout gris et tout pluvieux du mois d'août, elle sortit dans son jardin avec une boîte de soleil et l'ouvrit lentement.

Jusqu'à la fin de l'été, Esméralda, sans dire son secret à personne, fit la pluie et le beau temps dans le village. Elle ouvrait une boîte de soleil quand il avait trop plu et une boîte de nuages quand il faisait trop sec. Elle dosa le soleil et la pluie de telle façon qu'on eut la plus belle récolte depuis longtemps.

Le jour de travail et de fête arriva enfin. Les enfants se présentèrent nombreux chez Esméralda. L'ouvrage avançait et les boîtes s'empilaient dans le garde-manger d'Esméralda. Le soir venu, pendant que la fête battait son plein, Esméralda leur fit une belle surprise. Elle distribua aux enfants les boîtes de nuages et de soleil qui lui restaient. Chacun eut droit à une boîte de soleil et à une boîte de nuages à utiliser selon son caprice.

Il arrive que deux enfants ouvrent le même jour, l'un une boîte de soleil, l'autre une boîte de nuages. C'est pour cela que certains jours, il pleut et il fait soleil en même temps.

Esméralda leur fit une belle surprise.

Les contes de l'arc-en-ciel, Henriette Major, Montréal, Les Éditions Héritage, 1976, p. 49-53.

LA MACHINE
à manger les brocolis

Manger des brocolis, quelle torture ! Sylvie en a assez.
Elle essaie de convaincre ses parents de lui servir autre chose.
Rien à faire, les brocolis sont bons pour la santé, leur fille
doit en manger. C'est ainsi, il n'y a pas à discuter.
Elle en parle à son meilleur ami qui, lui aussi,
déteste les brocolis. Les deux copains uniront leurs efforts
pour inventer une machine capable de manger
les brocolis à leur place.

Le soir fatidique, la dévoreuse de brocolis est donc enfin
en place. Sylvie, rayonnante, l'a installée près d'elle. Son père
a regardé la manœuvre d'un œil dubitatif. Il s'interroge,
en contemplant l'assemblage farfelu qui trône à côté
de sa fille comme s'il s'agissait d'un invité de marque.

— Et… hem… qu'est-ce que c'est que cette… *chose* ?
demande-t-il.

— Quelle chose ? fait Sylvie d'un ton faussement innocent.

— Ce bric-à-brac, là, près de ta chaise. Ce tas de vieilleries,
ce bastringue déglingué.

— Ah, tu veux parler de ma machine ? dit Sylvie en continuant
son jeu. Elle est belle, hein ?

— Euh… sûr qu'elle est belle, répond son père en plissant
le nez. Splendide, épatante. Et… elle sert à quoi, exactement ?

— Tu m'as toujours dit que l'homme inventait des machines
pour faire à sa place les tâches pénibles et nécessaires,
n'est-ce pas ?

— Oui, oui, bien sûr.

— Et que c'était ça le progrès…

— Tout à fait.

— Eh bien moi, j'ai inventé une machine qui va faire
à ma place ce que je déteste le plus au monde.

— Une machine à faire tes devoirs ? demande son père
en éclatant de rire.

— Non, pas du tout, reprend Sylvie avec le plus grand
sérieux. Beaucoup plus fort que ça. C'est une machine
à manger les brocolis.

— Une machine à manger les brocolis, dis-tu.
Fantastique ! Et… ça marche comment ?

— C'est vraiment très simple,
je vais vous montrer.

Sylvie se lève, va brancher l'étrange appareil, revient s'asseoir. Devant elle, son assiette pleine de brocolis fumants fait la grimace.

Alors elle appuie sur le bouton de mise en marche, approche de la table la gueule hérissée de dents de la machine pétaradante, et y enfourne à pleines fourchettes tout le contenu de son assiette.

En un clin d'œil, tous les brocolis disparaissent dans un concert de slurpshhhh et de vroummmmm assourdissants.

Les parents sont tellement surpris qu'ils ne savent pas comment réagir. Ils sont partagés entre la colère de voir toute cette saine nourriture ainsi gâchée et une irrépressible envie de rire.

— Voilà un progrès définitif pour la santé et la gastronomie, annonce Sylvie avec superbe en éteignant la machine. Et maintenant, je prendrais bien mon dessert…

«J'ai gagné, j'ai gagné, se dit la fillette intérieurement, tout en réprimant une envie de chanter et de sauter en l'air. La victoire est totale ! C'est la fin des brocolis !»

Le lendemain matin, à l'école, le visage de Sylvie est pourtant celui de la défaite. À la fois rageuse et résignée, elle laisse tomber son sac près de l'entrée de sa classe.

— Qu'est-ce qui se passe ? lui demande Ludovic qui l'a aperçue de loin et vient aux nouvelles. Ça s'est mal passé ?

— Hmmmm…, bougonne Sylvie.

— La machine, insiste Ludo. Elle n'a pas fonctionné ?

— Oh, pour ça, lâche Sylvie d'une voix sourde, elle a marché. À merveille…

— Alors, pourquoi fais-tu cette tête ? Ne me dis pas que tes parents l'ont confisquée !

— Confisquée ? Au contraire ! À les entendre, ils voudraient même que je l'utilise tous les jours…

— Eh bien ! s'exclame Ludovic avec un vaste sourire. C'est gagné, alors !

— Tu ne comprends donc pas, s'écrie alors Sylvie avec colère. Tous les jours ! Ils veulent que je l'utilise tous les jours ! Et pas seulement pour les brocolis ! Pour tout ! Je n'ai plus qu'à mourir de faim !

— Pour tout ?

— Oui, tout. Ils m'ont dit que je pouvais garder la machine à condition de l'utiliser pour tout, y compris la pizza et le chocolat. Sinon, rien du tout !

— C'est la catastrophe, murmure Ludovic en baissant la tête. Comment ont-ils pu faire ça…

Extrait de *La machine à manger les brocolis*,
Laurent Chabin, Montréal, Les Éditions du Boréal,
2000, p. 83-85, 87, 89-91.

La leçon d'Annette

Le problème avec le frère d'Annette...

c'est qu'il est parfait !

Raphaël a dû naître ainsi. Quand il était petit, ce n'était pas trop grave. Il souriait tout le temps, il aimait la viande et les asperges. Malgré cela, il avait l'air d'un bébé normal.

Mais tout s'est dégradé le jour où il a commencé l'école. Il est rentré à la maison en s'écriant joyeusement qu'il voulait faire des devoirs !

Il n'en avait même pas.

Il s'est mis à suivre un horaire. Il ramenait ma mère à l'ordre : c'est l'heure des devoirs, de la collation, des histoires.

Les enfants aussi curieux que Raphaël apprennent beaucoup de choses à l'école. Lui, il n'en a jamais assez. Les mots de vocabulaire, les chiffres, les comptines, les animaux, les océans...

J'essaie de le convaincre que ce n'est pas plus extraordinaire qu'il faut. À l'école, on nous enseigne beaucoup de choses que l'on sait déjà.

— Ce n'est pas vrai ! Tu n'as pas le droit de dire ça !

C'est ainsi qu'il s'est mis à m'obstiner, moi, sa grande sœur. *Pire : il se mêle de me donner des conseils.*

À l'halloween, il me recommande de garder mes bonbons pour plus tard. Au souper, de ne pas prendre un deuxième dessert.

Le soir, il voudrait que je fasse mes devoirs en même temps que lui. Que je me couche à la même heure !

L'hiver, il m'ordonne de mettre ma tuque et mon foulard ! *Franchement !*

Ma mère croit que j'exagère, bien sûr. L'autre soir, Raphaël l'a sommée de ne pas laisser couler l'eau du robinet pendant qu'elle se lave les dents ! Elle a ri aux éclats. Pas moi !

J'étais vraiment inquiète pour Raphaël. Il est le seul enfant au monde à être plus raisonnable que ses parents !

J'ai grimpé l'escalier à toute allure pour me brosser les dents à mon tour. J'ai fait couler l'eau du robinet pendant au moins cinq minutes. Il s'est mis dans une de ces colères ! À croire que la survie de la planète avait été menacée par moi ! Pauvre Raphaël !

Ma mère est venue à sa défense.

— C'est important pour lui ! Laisse les autres être ce qu'ils sont !

Pour me défouler, j'ai fait une caricature de nous deux. Raphaël en policier et moi en prisonnière. Je pouvais au moins m'imaginer en experte de la désobéissance !

J'ai expliqué à mon frère que c'était bien plus intéressant d'être le prisonnier que le policier.

— C'est moins conventionnel ! ai-je affirmé.

— Qu'est-ce que ça veut dire ? a demandé Raphaël.

Il était tout mêlé. J'étais contente. Pour une fois qu'il n'avait pas d'opinion !

— Je ne veux pas être le policier, a-t-il finalement proclamé.

J'ai éclaté de rire.

— Toi, un hors-la-loi ?

Ses yeux se sont agrandis, ses joues sont devenues rouges et il s'est mis à pleurer.

Il avait l'air vraiment blessé. J'ai eu pitié de lui. J'ai jeté le dessin et j'en ai fait un autre. Deux prisonniers qui déguerpissent dans une forêt !

Après tout, ce n'est pas sa faute s'il est trop sage. C'est peut-être une sorte de maladie !

La leçon d'Annette, Élise Turcotte, Montréal, Les éditions de la courte échelle, 1999, p. 13-21.

Recette de poésie

Prendre un moment de bonheur,

quelques mots pris au hasard,

découpés dans les journaux,

vos mots préférés;

mélanger le tout dans un grand sac,

bien secouer

puis

pêcher les mots,

les coller soigneusement

dans l'ordre où vous les avez pêchés,

un à un

sur une feuille de papier.

Laisser refroidir

et relire

à tête reposée.

© Éditions Fleurus, 1993.
Extrait de l'ouvrage *Contes et comptines*
de Florence Faucompre.

LA PETITE ADÈLE

La petite Adèle

Était toute seule

Avec une feuille

Et un vieux stylo

Elle a fait un A

Elle a fait un L

Avec un autre L

Puis tracé un O

Es-tu un oiseau?

Oui, Ma demoiselle…

Comment tu t'appelles?

Je m'appelle: ALLÔ.

« La petite Adèle » in *L'armoire des jours*, Gilles Vigneault,
Montréal, Nouvelles Éditions de l'Arc, 1998, p. 204.

QUAND IL Y A DU VENT

Quand il y a du vent,

Mon petit chien est blanc,

Quand je le sors, le soir,

Mon petit chien est noir.

Mais il peut être bleu

Au salon, quand il pleut

Ou devenir tout rouge

Quand le soleil se couche.

Il est rose à toute heure

Sous les pommiers en fleurs

Et roux lorsque l'automne

Le mitraille de pommes.

Je l'appelle Arc-en-ciel.

Bien qu'il soit, quand il neige,

Un peu gris, un peu beige,

Et doux comme un pastel

Quand revient la Noël.

«Quand il y a du vent»
in *Pomme de reinette*, Maurice Carême,
© Fondation Maurice Carême, tous droits réservés.

Maurice Carême
est également l'auteur
d'un autre poème dans
ce dossier. Il s'agit de Étonnant !,
qui apparaît à la page 54.
À lire ou à relire !

131

Ma tête

Ma tête

Boîte à rêves

Île aux trésors

Boîte de Pandore

Dans ma tête

Il y a tous mes secrets

Dans ma tête

Il y a des bêtes noires

qui me font peur

et des bêtes à Bon Dieu

de toutes les couleurs

Dans ma tête

je suis chez moi

quand je ferme les yeux

Et personne ne peut entrer

«Ma tête» de Simone Schmitzberger in *L'écharpe d'iris*,
coll. Le livre de Poche Jeunesse, © Hachette Livre, 1990, p. 98.

Comme les clowns

Quand je m'ennuie je rêve de trouver

Des couleurs pour me maquiller

Un gros nez en caoutchouc

Un habit tout rempli de trous

Je rêve aussi de me promener

Sur la piste d'un cirque en papier

Et prendre l'air d'un petit clown

Qui culbute quand ma tête tourne

Comme si je mettais du soleil

Dans mon œil

Comme si le vent se faisait doux

Sur ma joue

Comme s'il y avait de la joie

Sur mes doigts

Comme si je mettais de la couleur

Sur mon cœur

Raymond Plante
est également l'auteur
de la série de romans
mettant en vedette
Marilou Polaire et
sa bande d'amis.
Une aventure de Marilou
t'est présentée aux pages
90 à 92 de ce dossier.
Pour en savoir plus
sur Raymond Plante,
consulte la rubrique
Ils ont écrit pour toi !

© Raymond Plante,
recueil *Clins d'œil et pieds de nez*,
la courte échelle.

Rêverie...

J'étais un nuage
et j'avais la forme d'un chat
J'étais un nuage
parti en voyage

Suis allée au-dessus d'un lac
m'abreuver et faire trempette
J'ai chevauché une forêt
Puis j'ai grimpé sur une montagne
pour gratter mon dos à son sommet
Ron ron
Ron ron les nuages

Suis allée au pays des neiges
croyant y trouver du lait
J'ai croisé un nuage gris
que j'ai pris pour une souris
Gris gris
Gris gris les souris

Puis le vent m'a ramenée
malgré mes miaulements
malgré mes griffes acérées
Il m'a tant et tant poussée
que j'ai pris la forme d'un oreiller
Et je me suis réveillée.

© *Rêverie...*, Jasmine Dubé, Inédit.

As-tu deviné ?

C'est la nuit.
Un grand bruit.
Le roulement du tonnerre
semble tout jeter par terre.
Un petit cheval tout noir
et un petit cheval blanc
se blottissent l'un contre l'autre,
comme feraient un frère et une sœur
pour ne pas avoir peur.
Ils s'endorment ainsi
en se serrant si fort toute la nuit
que le lendemain, au lever du jour,
le petit cheval blanc
était noir et blanc
et le petit cheval noir
était blanc et noir !

Oui ! tu l'as bien deviné :
Les petits zèbres étaient nés !

«As-tu deviné ?» in *Dans mon petit violon*,
Simone Bussières, Québec,
Les Presses Laurentiennes, 1985, p. 45.

135

Faim de loup

Le loup des bois, très affamé
S'en allait faire dans la forêt
Ses courses pour le déjeuner

Voyons, voyons…
Un petit pigeon aux oignons ?
Une perdrix aux pissenlits ?
Ou un canard aux épinards ?

Le loup des bois, très affamé
N'a rien mangé et c'est bien fait
À peine entré dans la forêt
Tout son dîner s'est envolé

«Faim de loup» de Jean-Marie Robillard
in *Saperlipopette !*, Collection Milan Poche
Benjamin dirigée par Michel Piquemal,
© Éditions Milan, 2000, p. 15.

TOUS LES CHATS...

On dit que la nuit

Tous les CHATS sont gris

Les blancs, les rayés

Les roux tachetés

Minette ou Minet

Fauves ou tigrés

J'ai un vieux CHAT noir

Qui fait grise mine

Hé! ça le chagrine

Qu'à dix heures du soir

Avant d'aller boire

À «La Souris Noire»

Il soit déjà gris

Et mon vieux CHAT noir

En est très aigri.

«Tous les chats…» de Jean-Marie Robillard, in *Saperlipopette!*,
Collection Milan Poche Benjamin dirigée par Michel Piquemal,
© Éditions Milan, 2000, p. 22-23.

Oh! Oh! Oh!
que la pluie me mouille!
Hé! Hé! Hé!
la pluie m'a mouillé!
Oh! Oh! Oh!
mais je me débrouille!
Hé! Hé! Hé!
pour me faire sécher!

Henriette Major, *100 comptines*,
Montréal, Éditions Fides, 1999, p. 22.

Les textes d'Henriette Major te font rêver? Alors, va lire ou relire les histoires suivantes: *Du soleil en boîte* à la page 120 ou *Les lutins de Noël* à la page 29.

QUAND IL NEIGE

Quand il neige sur mon pays,
On voit s'ébattre dans les rues
Les petits enfants réjouis
Par tant de splendeurs reparues.
Et ce sont des appels, des cris,
Des extases et des délires,
Des courses, des jeux et des rires,
Quand il neige sur mon pays.

Albert Lozeau

L'ÉCOLE EST FERMÉE

L'école est fermée ;
Le tableau s'ennuie ;
Et les araignées
Dit-on, étudient
La géométrie
Pour améliorer
L'étoile des toiles :
Toiles d'araignées,
Bien évidemment.

L'école est fermée
Les souris s'instruisent,
Les papillons lisent,
Les pupitres luisent,
Ainsi que les bancs.

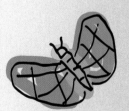

L'école est fermée,
Mais si l'on écoute
Au fond du silence,
Les enfants sont là
Qui parlent tout bas
Et dans la lumière,
Des grains de poussière,
Ils revivent toute
L'année qui passa,
Et qui s'en alla...

«L'école est fermée» in *Écrit sur la page*,
Georges Jean, Paris, Gallimard Jeunesse,
1992, p. 42 (Collection folio Cadet).

Complot d'enfants

Nous partirons
Nous partirons seuls
Nous partirons seuls loin
Pendant que nos parents dorment
Nous prendrons le chemin
Nous prendrons notre enfance
Un peu d'eau et de pain
Et beaucoup d'espérance
Nous sortirons pieds nus
En silence
Nous partirons
Par l'horizon

«Complot d'enfants»
in *Tout Félix en chanson*,
Félix Leclerc,
Nuit blanche éditeur,
1996, p. 61.

**Félix Leclerc
est un grand poète québécois.
Consulte la rubrique *Ils ont
écrit pour toi !* pour en savoir
plus à son sujet.**

ILS ONT ÉCRIT POUR TOI !

HANS CHRISTIAN ANDERSEN

Danemark, 1805-1875

Cet auteur a écrit des poèmes, des romans, des pièces
de théâtre et même des récits de voyage. Mais s'il est devenu
célèbre, c'est grâce à ses contes. Il en a rédigé 164 ! Tu en
connais sûrement quelques-uns : *Le vilain petit canard;
La petite fille aux allumettes; La petite sirène; Le vaillant petit
soldat de plomb; Le rossignol et l'Empereur de Chine;
La chose la plus incroyable.*

MARIE-ANDRÉE BOUCHER MATIVAT

Québec, 1945-

Toute jeune, elle fabriquait des livres en assemblant des feuilles
avec des morceaux de laine. Déjà, le monde de l'édition
l'attirait ! Après avoir enseigné quelque temps au primaire,
elle décide de devenir écrivaine.

*Les patins d'Ariane • Une peur bleue • Gros-poil a disparu •
Un cadeau empoisonné*

MAURICE CARÊME

Belgique, 1899-1978

Il sera enseignant pendant plus de vingt ans avant de choisir
le métier de poète. Son premier recueil de poésie est publié
en 1925. La nature et, particulièrement, les animaux sont ses
thèmes préférés. Tu pourras lire ses écrits dans *Pomme de
reinette; En sourdine; La bien-aimée* et *Poésies de Maurice
Carême.*

MARIE-DANIELLE CROTEAU

Québec, 1953-

Avant d'écrire pour les jeunes, elle a été journaliste. C'est sans
doute ce qui l'a amenée à voyager un peu partout dans
le monde. Peut-être y a-t-elle trouvé l'inspiration pour écrire
*Le chat de mes rêves; Ma nuit dans les glaces; De l'or dans
les sabots.*

JASMINE DUBÉ

Québec, 1957-

Jasmine Dubé semble avoir une grande passion : le théâtre !
Après des études dans ce domaine, elle écrit une première
pièce, *Bouches décousues*, puis fonde son propre théâtre. Mais
elle écrit aussi des contes pour les jeunes. Tu connais sûrement
certaines de ses œuvres : *Grattelle au bois mordant*; *Le petit
capuchon rouge*; les romans de la série *Nazaire*.

CHRISTIANE DUCHESNE

Québec, 1949-

Quand elle était enfant, elle inventait des histoires à partir des
dessins qu'elle faisait. Depuis, elle a traduit plus de 300 livres
jeunesse, écrit des chansons et même des textes pour la radio
et la télévision. Découvre quelques-uns de ses ouvrages :
Julia et le voleur de nuit; *La 42ᵉ sœur de Bébert*; *Victor*.

CÉCILE GAGNON

Québec, 1936-

Cécile Gagnon est une grande dame de l'écriture. Mais elle a
d'abord commencé à travailler comme illustratrice. Elle est
cependant auteure de littérature jeunesse depuis 1961.
Elle a elle-même illustré un grand nombre de ses livres et
remporté de nombreux prix. Connais-tu *Plumeneige*;
L'ascenseur d'Adrien; *Célestin et Rosalie* ? Elle se rend souvent
dans les écoles parler de son métier et de ses ouvrages aux
jeunes de ton âge. Tu l'as peut-être déjà rencontrée ?

LES FRÈRES GRIMM

Allemagne

Tout le monde les connaît sous le nom des frères Grimm.
En fait, ils étaient deux. Ils étaient bien des frères et se
prénommaient Jacob (1785-1863) et Wilhelm (1786-1859).
Mais ils avaient aussi un collègue que l'on connaît peu : Johann
Joseph von Görres. Ensemble, ils ont réuni divers contes
de leur pays. *Hansel et Gretel*; *Blanche-Neige et les sept nains*
et *Les trois ours* sont parmi les plus connus.

FÉLIX LECLERC

Québec, 1914-1988

À sa mort, le 8 août 1988, le Québec a perdu un grand homme, à la fois poète, conteur, fabuliste et chansonnier. Parmi ses œuvres: *Adagio*; *Allegro*; *Andante*; *Pieds nus dans l'aube* et *Moi, mes souliers*.

HENRIETTE MAJOR

Québec, 1933-

Lorsqu'elle était enfant, Henriette Major racontait des histoires à ses trois sœurs avant de s'endormir. Aujourd'hui, son inspiration, elle la prend… dans une boîte à chaussures! C'est là qu'elle accumule ses idées, notées sur des bouts de papier. Parmi ses œuvres: *Fantôme d'un soir*; *Comme sur des roulettes*; *Un arbre*.

CARMEN MAROIS

Québec, 1951-

Carmen Marois a d'abord écrit pour les adultes avant d'opter pour la littérature jeunesse. Elle adore parler de sorcières, de fantômes et autres thèmes qui font frissonner.

Octave et la dent qui fausse • *Beauté monstre* • *Le fantôme de Mesner* • *Un dragon dans la cuisine* • *Le dossier vert*

CHARLES PERRAULT

France, 1628-1703

Peau d'âne • *Le petit chaperon rouge* • *La belle au bois dormant* • *Barbe-Bleue* • *Le chat botté* • *Cendrillon* • *Le petit poucet*

Ces jolis contes, tu les dois à Charles Perrault. Il les a présentés dans un ouvrage qui a connu beaucoup de succès: *Contes de ma mère l'Oye*. C'est d'ailleurs lui qui a lancé la mode des contes de fées!

RAYMOND PLANTE

Québec, 1947-

À 16 ans, il écrit un premier roman… refusé par les éditeurs. Mais il demeure persévérant. Passionné par l'écriture, il compose des chansons de même que des textes pour la télévision, la radio, le cinéma et le théâtre. Il a révolutionné la littérature au Québec en écrivant des histoires proches de ce que vivent les jeunes. Connais-tu *La petite fille tatouée*; *Les dents de la poule* ou les ouvrages de la série *Marilou Polaire*?

DANIELLE SIMARD

Québec, 1952-

Son père était graphiste, sa mère une grande lectrice. On peut donc vraiment dire que la littérature, elle est tombée dedans quand elle était petite! Elle devient d'abord illustratrice avant de se consacrer uniquement à l'écriture. Peut-être as-tu déjà lu *Une sorcière dans la classe*; *Le monstre du mercredi*; *Fou furieux*.

ROBERT SOULIÈRES

Québec, 1950-

À 18 ans, il rêvait déjà de publier un ouvrage. C'est ce qu'il fera onze ans plus tard en présentant *Max le magicien*. Depuis, il a écrit de nombreux livres et a même fondé sa propre maison d'édition! Tu aimeras sûrement *Casse-tête chinois*; *Le bal des chenilles*; *Une gardienne pour Étienne!* ou *Le visiteur du soir*.

GILLES TIBO

Québec, 1951-

Depuis les années 70, il travaillait comme illustrateur. Mais en 1996, il publie un premier roman et décide de se consacrer entièrement à l'écriture. Les personnages qu'il a créés font la joie des jeunes lecteurs.

L'ami perdu • *Rouge timide* • *Choupette et l'oncle Robert*

GILLES VIGNEAULT

Québec, 1928-

On le dit avant tout auteur-compositeur-interprète. S'il a un titre si long, c'est qu'il a fait de bien grandes et jolies choses! Il écrit sa première chanson en 1959: *Jos Montferrand*. Mais sa grande renommée, il l'obtient en 1965 avec sa chanson *Mon pays*. Des chansons, il en a composé plus de 250! Il a aussi rédigé des contes, dont *Gaya et le petit désert*.